生活の質・人生の質がアップする！

キャリア教育を取り入れた特別支援教育の授業づくり 実践編

上岡 一世 著

明治図書

まえがき

　今や、キャリア教育は特別支援教育では欠かすことのできない重要な教育として位置づけられ、全国の学校で、その実践に取り組んでいます。なぜ、ここまでキャリア教育がクローズアップされているのでしょうか。

　戦後70年、この教育は一貫して生きる力を高める実践を積み重ねてきました。自立、社会参加、就労を実現するための教育の在り方を徹底して追求してきました。この歩みには、誰も異論はないでしょう。むしろ、自分たちで作り上げてきた独自性のある、日本が世界に誇れる教育であると、自信をもっている人も多いでしょう。筆者も事実そう思います。

　「これまでの我々が懸命に積み重ねてきたこの教育は、キャリア教育そのものであり、あえてキャリア教育をこの教育に取り入れる必要があるのか」という声も聞きます。まったくその通りなのですが、実践の成果という視点で評価すれば、見直すべき点がたくさんあることに気づきます。これが今、キャリア教育がクローズアップされている最大の理由です。キャリア教育を取り入れることで、この教育を今まで以上に充実、発展させることを願っているのです。

　確かに、今までの教育はキャリア教育そのものの教育であり、その成果も出て、多くの子どもたちを実社会に送り出してきました。しかし、その実情を調査してみると、実社会で活動できているのは能力が高く、障害の軽度な子どもが中心で、その他の子どもは実社会での存在感はかなり薄いと言わざるを得ません。果たして、これでよいのでしょうか。教育はすべての子どもに成果が出て、初めて教育の成果と言えます。一部の子どもの成果だけを強調しても教育の成果が出ているとは言えません。まずは、この点での見直しが必要です。

　キャリア教育は言うまでもなく、すべての人が質の高い職業生活が送れるようになってほしい、より豊かな人生を送ってほしい、という願いが込めら

れている教育です。ところがです。筆者が，学校卒業後の子どもたちの生活実態を調査してみると，就職ができず，施設や作業所で働いている人はもちろんのこと，就職して職場で働いている人も含めて，ほとんどが質の低い生活を送っています。地域や職場で存在価値を示すことのできない生活を送っているのです。これでは，今までキャリア教育そのものの教育を行ってきたと言っても，キャリア教育の成果は出ていないと言わざるを得ません。この点での見直しも必要です。

　我々が今まで進めてきた教育の在り方や指導内容，指導方法に問題はなかったのか，もう一度，キャリア教育の視点で見直してみようということで，今，検討が行われているのです。これまでキャリア教育そのものの教育を行ってきたと言っても，キャリア教育の全体像を大まかにとらえての実践に過ぎなかったのではないか，キャリア教育の部分に視点を当てて，教育の成果と関連づけながら検討，考察してみると見直すべき点がたくさんある，というのが筆者の見解です。

　本書は，今，この教育が直面している問題や課題を解決し，今後の教育の方向性を示し，確実に教育の成果をあげることができるようにするためにまとめたものです。障害をもっていても，この世に生を受けた以上は，我々と同じように，生き生きとした生活，生き生きとした人生が送れるようになるのが当たり前の生き方であり，そういう教育を実現するのが特別支援教育です。筆者がキャリア教育を重視するのは，キャリア教育の視点でこの教育を見直すことができれば，多くの子どもたちが，生活の質，人生の質を高めることができると考えているからです。

　先に，拙著『勤労観・職業観がアップする！　キャリア教育を取り入れた特別支援教育の授業づくり』（明治図書）を出版しました。しかし，学校現場で成果をあげるための実際の指導となると，まだまだわからないところがあるという現場の先生の声も聞きました。そこで，今回は，キャリア教育を取り入れると日々の学習はどこが，どのように変わらなければならないのか，どのように変われば成果をあげられるのか，取り組みの実際を中心にまとめ

てみました。具体的には，教育目標，教育課程は今後，どうあらなければならないのか，12年間の教育をどのように組織し，実践を積み重ねていけばよいか，また，教育課程の中核である，日常生活の指導，生活単元学習，作業学習は，どういう指導内容，指導方法に変えていかなければならないのかを，実践事例を多く入れながらわかりやすく解説しました。

　実践事例については，筆者が，キャリア教育に熱心に取り組んでいる学校を訪問し，実際に見せてもらった中で，特に参考にしてほしいとおすすめする実践の数々を紹介させていただいています。

　主な学校は「愛媛大学教育学部附属特別支援学校」「高知県立山田養護学校」「岡山県立誕生寺支援学校」「福井県立嶺南西特別支援学校」「京都府立宇治支援学校」などです。機会があれば，訪問し，指導の実際に触れてほしいと思います。

　本書は，4章で構成しています。

　第1章では，キャリア教育を特別支援教育に取り入れることの意味と，これからの教育はどこを，どのように変えていかなければならないか，どういう方向に進んでいくべきか，について述べています。キャリア教育の求める，人生の質を高める教育を推進するためには，「存在価値の向上」「社会的役割の向上」「コミュニケーション力の向上」を目指す必要性があることを提言しています。

　第2章では，キャリア教育の視点を取り入れると，今までの「日常生活の指導」はどこに問題，課題があり，何を，どのように変えていかなければならないのか，について具体的事例を挙げて述べています。「日常生活の指導」のねらいは日常生活の自立を実現することであり，そのためには内面の育ち，すなわち行動を自ら起こす意識に焦点を当てた指導の大切さを提言しています。

　第3章では，キャリア教育の視点で考えれば，生活単元学習の課題はどこにあるのか，指導内容，指導方法は，今後どうあるべきなのか，今まで積み上げてきた生活単元学習のよさを生かしながら，指導の在り方を具体的事例

を挙げて述べています。生活の質を高め，生きる力を確かに身につけるためには，体験学習よりも，生活に適応するための学習が重要であることを提言しています。

　第4章では，キャリア教育で最も重要な「作業学習」に焦点を当て，今までの「作業学習」は，何が問題，課題で，どこを，どのように変えていかなければならないのか，質の高い「作業学習」とは，どういう取り組みを言うのか，職業生活の質の向上に視点を当て，これからの「作業学習」の在り方について，具体的事例を挙げて述べています。貢献の実感をキーワードに，働く意欲を高めるための具体的指導法を提言しています。

　最後に，もう一度繰り返しますが，本書は，能力や障害にかかわらず，すべての子どもたちの人生をより豊かなものにするためには，どのように教育の質，支援の質，そして指導者の専門性の質を高めていけばよいのかについて，具体的な事例を挙げながらまとめています。是非，特別支援教育にかかわるすべての人に読んでいただき，今後の，この教育の在り方，方向性を正しく理解して，意識を変えるきっかけにしてほしいと願っています。

　これからの特別別支援教育が，すべての子どもたちが確実に成長，発達する，実のある，充実した教育に発展していくことを心から期待しています。この本がその一助となれば幸いです。

2015年6月

著者　上岡一世

もくじ

まえがき 3

第1章 キャリア教育の視点を取り入れると特別支援教育はどう変わるべきか

1 指導者の意識改革 14
　(1)　支援の共有 ……………………………………………………………… 14
　(2)　教育の原点の追求 ……………………………………………………… 17
　(3)　意識・意欲・主体性の育成 …………………………………………… 18
　(4)　存在価値の向上 ………………………………………………………… 20
　　①　岡山県立誕生寺支援学校の事例 21
　　②　愛媛県立みなら特別支援学校松山城北分校の事例 23
　　③　京都府立宇治支援学校の事例 25
　(5)　社会的役割の引き上げ ………………………………………………… 27
　　①　これからの交流教育 28
　　②　技能検定 32
　(6)　コミュニケーション力の向上 ………………………………………… 34
　　①　ことばは重要か 35
　　②　機能するコミュニケーション力とは 36
　　③　知的理解力と行動的理解力 36
　　④　コミュニケーション・マインドの重要性 37
　　⑤　相互作用の成立が重要 38
　　⑥　コミュニケーション力の向上のための指導事例 40

2 教育目標の見直し 41
　(1)　今までの教育目標 …………………………………………………………… 42
　(2)　これからの教育目標 ………………………………………………………… 44

3 指導者に求められている４つの支援 46
　(1)　発達する支援 ………………………………………………………………… 46
　(2)　自立する支援 ………………………………………………………………… 48
　(3)　適応する支援 ………………………………………………………………… 51
　(4)　貢献する支援 ………………………………………………………………… 53
　(5)　４つの支援のまとめ ………………………………………………………… 55

4 キャリア教育の理解 58
　(1)　キャリア教育のねらい ……………………………………………………… 58
　　①　キャリア教育が取り入れられた理由　58
　　②　特別支援教育で重視すべきこと　60
　(2)　キャリア教育が特別支援教育に求めていること ………………………… 63

5 教育課程の見直し 65
　(1)　教育課程の全体像 …………………………………………………………… 65
　(2)　教育課程の４本柱の指導目標 ……………………………………………… 68
　　①　日常生活の指導　68
　　②　遊びの指導　70
　　③　生活単元学習　71
　　④　作業学習　73

第2章 キャリア教育の視点を取り入れると「日常生活の指導」はどう変わるべきか

1 今までの「日常生活の指導」とこれからの「日常生活の指導」 77

2 意識して行動できる「日常生活の指導」とは 81
　(1) 指示は必要か ……………………………………………………… 82
　(2) ことばでの指示の効果を確認 ………………………………… 82
　(3) 人は指示を受けるとどういう反応をするのか ………………… 84
　(4) 映像化できる子どもとできない子ども ………………………… 87
　　① 福井県立嶺南西特別支援学校の事例　88
　　② 愛媛大学教育学部附属特別支援学校の事例　90
　(5) 重視すべきこと ………………………………………………… 94
　　① 思考する支援をする　94
　　② 気づく支援をする　96
　　③ 正しい確かな行動を身につける支援をする　97

3 「日常生活の指導」とキャリア教育 …………………………………… 99

第3章 キャリア教育の視点を取り入れると「生活単元学習」はどう変わるべきか

1 今までの「生活単元学習」とこれからの「生活単元学習」 105

(1) 生きる力の向上 …………………………………………… 106
　　(2) 生活の質の向上 …………………………………………… 107
　　(3) 集団の質の向上 …………………………………………… 109

2 生活意欲の向上がポイント　110

3 生活意欲を高める「生活単元学習」とは　112
　　(1) 子どもの生活に根ざしたもの …………………………… 112
　　(2) 子どもの興味・関心の高いもの ………………………… 113
　　(3) どの子も取り組める活動であること …………………… 114
　　(4) 子どもが主体で支援が中心 ……………………………… 115
　　(5) 自ら課題を解決する学習の設定 ………………………… 116
　　(6) 意欲の持続がポイント …………………………………… 117

4 「生活単元学習」の効果的事例　118
　　(1) 福井県立嶺南西特別支援学校の事例 …………………… 118
　　(2) 京都府立宇治支援学校の事例 …………………………… 121
　　(3) 愛媛大学教育学部附属特別支援学校の事例 …………… 122

5 「生活単元学習」とキャリア教育　125

キャリア教育の視点を取り入れると「作業学習」はどう変わるべきか

1 今までの「作業学習」とこれからの「作業学習」　128

2 「作業学習」は働く生活の質を高める学習である　129

3 職業生活に貢献できる力（働く意欲）を育てる「作業学習」とは　130
 (1) 存在価値を高める作業 …………………………………………………… 131
 (2) 自覚と責任感をもって取り組む作業 …………………………………… 132
 (3) 周りの人に認められる作業 ……………………………………………… 134
 (4) 真剣さを重視する作業 …………………………………………………… 136
  ① 愛媛大学教育学部附属特別支援学校の木工作業での事例　137
  ② 高知県立山田養護学校の鉄工作業の事例　139
 (5) 量よりも質を重視する作業 ……………………………………………… 140
 (6) 就職したいという意欲を高める作業 …………………………………… 143
 (7) 自己評価を取り入れた作業 ……………………………………………… 145
  ① 改善すべき事例　147
  ② 高知県立山田養護学校の布工作業の事例　151
 (8) 信頼関係を高める作業 …………………………………………………… 153

4 職業生活で人に適応する力を育てる　155
 (1) 職業生活に必要なソーシャルスキル …………………………………… 157
  ① 基本的生活に必要なスキル　158
  ② 基本的相互交渉のスキル　160
  ③ 職業・地域生活でのスキル　161
  ④ 認知的・対人行動のスキル　162

5 「作業学習」とキャリア教育　163

第1章 キャリア教育の視点を取り入れると特別支援教育はどう変わるべきか

「キャリア教育は理解できるが,キャリア教育の視点を取り入れた授業を行うのが難しい。具体的にどこをどのように変えればよいか,教えてほしい」。これは筆者が学校現場を訪れたとき,多くの先生から聞く声です。

本章では,キャリア教育が,今なぜ特別支援教育に取り入れられているのか,特別支援教育に何を求めているのか,何をもたらそうとしているのか,その意義を理解するとともに,教育目標は今まで通りで問題はないのか,問題があるとすればどのように変えなければならないのか,その理由,根拠は何か。また,今までの教育課程はそのままでよいのか,どこをどのように変えればよいか,さらには,指導者にはどういう専門性と指導法が求められているのかについて,これからの特別支援教育の歩むべき方向性も含めて述べてみたいと思います。

キャリア教育は,ややマンネリ化していた特別支援教育を充実,発展させるために,まさに欠かせない教育であることを理解してほしいと思います。

この章で理解しておいてほしいことをまとめると,以下のようになります。

- キャリア教育は人生の質を高める教育である
- 人生の質を高めるためには「存在価値の向上」「社会的役割の向上」「コミュニケーション力の向上」が必要である
- 生活の中で存在価値を示すことができなければ,生活の質は向上しない
- 存在価値は,認められる,必要とされる,役に立つ活動を行うことで高められる
- してもらう体験ではなく,してあげる体験が社会的役割を引き上げる
- 人間関係を築くにはコミュニケーション力が必要である
- 自立,社会参加,就労は最終目標でなく,当面の目標である
- これからの教育は,発達する支援,自立する支援,適応する支援,貢献する

支援が指導者のキーワードになる
・自分の能力，得意を知る子どもを育てる
・働ける子どもよりも，働くことの意味を理解する子どもを育てる
・人間性の向上に視点を当てた教育を忘れない
・心（意識，意欲，主体性）を育てる教育こそ，今，求められている

1 指導者の意識改革

　特別支援教育が始まって8年が経過します。この間，キャリア教育も重要な教育として取り入れられるようになりました。果たして，特殊教育時代と比べて，指導者の意識は変化したでしょうか。教育の内容，方法に変化が見られるのでしょうか。授業の内容，指導方法は変化しているのでしょうか。もし，変化がないとするならば，特別支援教育，キャリア教育の理解が不十分と言わざるを得ません。

　特別支援教育は何のために取り入れられたのか，キャリア教育は何のために取り入れられたのか，それは言うまでもなく，この教育の一層の充実，発展を図るためです。一人一人の子どもの，将来の豊かな生活を実現するためです。指導者は，まず，このことを頭に入れて教育にあたらなければなりません。

　今，指導者に何よりも求められているのは意識改革です。意識が変わらなければ教育も，指導も，対応も変わりません。意識を変えるために，特別支援教育をしっかりと理解してほしいと思います。キャリア教育をしっかりと理解してほしいと思います。

　では，意識を変えるために，具体的に何を理解しておく必要があるのでしょうか。そのポイントをまとめてみたいと思います。

(1) 支援の共有

　特殊教育から特別支援教育に名称が変わりました。言うまでもなく，名称

が変わることが重要なのではありません。名称が変わることで求められているのは，この子どもたちにかかわる人たちの意識の変化です。しかしながら，このことを現場の先生たちに問いかけてみると意外な答えが返ってきます。「特殊教育から特別支援教育に変わっても，教育や指導は今までと変わりません。意識もそれほど変化はありません。変わらなければいけないのは，発達障害のある子どもがいる通常の学級の先生ではないでしょうか」と。これでは特別支援教育を取り入れた意味はありませんし，今後の充実，発展も期待できません。まずは，特別支援教育が取り入れられた意味を理解してほしいと思います。

　特殊教育と特別支援教育の違いはどこにあるのでしょうか。名称の違いはどうでもいいのです。意識の違いを認識してほしいと思います。ひと言で言えば，「特殊教育は二元化された教育」で「特別支援教育は一元化された教育」です。すなわち「分ける教育」でなく「分けない教育」が始まったということになります。

　特殊教育は障害児と健常児が区別され，教育を受ける場も明らかに違っていました。障害児は特殊な教育を受け，健常児は通常の教育を受けました。どちらが優先され，重視されたかというと，言うまでもなく通常の教育です。障害児は障害をもっているということで見下され，過酷な生活を強いられることもありました。差別が問題になることもしばしばでした。明らかに二元化された教育の弊害が生じていました。

　その後，障害児，健常児ということばそのものにも問題があるということが指摘され始め，ピープル・ファーストということばが生まれました。ピープル・ファーストとは，「我々は障害児である前に人間なんだ，我々を人間として見てほしい」という考えです。これにより，障害児は「障害をもっている人」，健常児は「障害をもっていない人」と呼ばれるようになりました。障害児は「今，たまたま障害をもっている人」であり，健常児は「今，たまたま障害をもっていない人，これから障害をもつ可能性のある人」ということになります。障害をもっているか，いないかに視点を当てるのではなく，

人に視点を当てたかかわりをしていこうとする考え方に変わりました。でも，これでも二元化されたままです。

　そして，それが今度は特別支援教育に変わりました。一体何が変わったのでしょうか。また，何を変えなければならないのでしょうか。理解すべきは一元化された教育が始まったということです。具体的に言うと，障害をもっている人は「特別な支援を必要としている人」，障害をもっていない人は「特別でない支援を必要としている人」になったということです。障害をもっていない人は「特別な支援を必要としていない人」ではないのです。もしそうだとすると，二元化のままです。特別支援教育は一元化されたということが重要で，最も注目しなければならないところです。

　これは何を意味するのでしょうか。「人間はすべて支援を受けて生きている存在である」という，人として生きる，当たり前の認識の確認です。人間はみんな支援を受けながら社会生活を送っています。支援が特別であるか，そうでないか，だけの話です。障害のある人は特別な支援を受けながら社会生活を送り，我々，障害のない人は特別でない支援を受けながら社会生活を送っているのです。すべての人たちが，支援を受けながら質の高い社会生活を送ることを目指す，すばらしい教育が始まったと考えてほしいと思います。

　では，具体的にどうすることが求められているのでしょうか。「支援の共有」がキーワードです。支援の共有とは，支援をする側は相手が望む支援を行い，支援を受ける側は自分が望む支援を受ける，すなわち，一方的な支援ではなく，お互いが気持ちを共有できる支援を言います。具体的には，特別な支援を必要としている子どもに支援をする場合は，もし自分がこの子だったら，どういう支援を必要とするのか，という相手の立場になった支援を考えてほしいのです。こうした支援の共有ができてこそ，子どもの生活は豊かになり，生きる力を育てるのです。特殊教育の時代は，支援の共有ができなかったこともあって，子どもたちの生活がなかなか豊かにならなかったし，生きる力も身につかなかった，と考えてもいいと思います。

(2) **教育の原点の追求**

　「障害児教育は教育の原点である」。これは，教育現場で昔から言い続けられてきたことばです。しかし，このことばがどれだけ，これまでの教育に影響を与えてきたのでしょうか。障害児教育を重要視するために，便利に使われることも多く，実際に教育の場で生かされることはほとんどありませんでした。ところが，今，「教育の原点を生かす教育」がクローズアップされています。なぜでしょうか。「教育の原点を生かす教育」が実現してこそ，教育の質が向上することがわかってきたからです。

　特別支援教育は「特別な支援を必要とする子どもの教育を充実，発展させるために取り入れられた教育である」と考えている人はいないでしょうか。そうではありません。特別支援教育は「通常の子どもたちを含めたすべての子どもたちの教育を充実，発展させるために取り入れられた教育である」のです。このことを，まず理解しておく必要があります。「障害児教育は教育の原点である」とは「障害児教育は教育の基礎，基本を追求している教育である」という意味です。障害児教育が基礎，基本を追求している教育であるならば，当然ながら，すべての教育に通用するし，誰もが参考にしなければならないはずです。この当たり前のことを理解した，基礎，基本をしっかり踏まえた教育を進めることが，すべての子どもの教育の充実，発展につながる，と考えているのが特別支援教育なのです。

　具体的に言うと，通常の教育の先生は，教育の原点すなわち特別支援教育から教育の基礎，基本を学ぶことで教育の質を上げていくことができる，という考えをもつ必要があります。特別支援教育には学ぶべきことがたくさんありますし，また，指導の実際を学ぶことで教育の幅を広げ，質を高めていくことができるのです。

　一方，特別支援教育の先生は，どういう役割を果たすべきなのでしょうか。「教育の原点である」ということを声高に訴えるよりも，教育の原点の成果を示す必要があります。通常の教育の先生が学ぶに値する，教育の基礎，基本の実際を示す必要があります。特別支援教育の先生が教育の原点を追求し，

通常の教育の先生がそれを学ぶ好循環ができてこそ，すべての子どもの教育の質が向上する，と考えるのです。このようにすれば，すべての教師の専門性は向上するはずです。教師の専門性が向上しなければ，教育の質は向上しません。「教育の原点を生かす教育」をどれだけ推進していくことができるかによって教育の質は高められる，と理解してほしいと思います。

(3) 意識・意欲・主体性の育成

　これまでの教育では，できることを増やすこと，身についていないスキルを身につけることが重視され，指導や訓練を中心として行われてきました。できることを増やしたり，スキルを高めれば，彼らの自立，社会参加，就労が実現できると信じられていました。こうした教育が間違っている，と言うつもりはありません。事実，比較的障害の軽い人や能力的にそれほど弱さをもっていない人には効果的で，自立，社会参加，就労を実現した人もいるからです。しかしながら，障害の重い人や能力的に弱さをもった人に視点を当ててみると，確かにできることも増えているし，スキルも高まっているのに自立，社会参加，就労につながらない人たちが大勢いることもわかっているのです。もっと具体的に言えば，できることやスキルが実社会で通用しない，すなわち生きる力になっていないことが明らかになっているのです。

　これからの教育は一部の人の自立，社会参加，就労を実現することを目指すのではありません。すべての子どもの自立，社会参加，就労を実現するための教育が求められています。そのためには，障害の重い，能力的に弱さをもっている子どもたちが自立，社会参加，就労できる教育を確立しなければなりません。

　では，どうすればよいのでしょうか。

　まず，なぜ今まで進めてきた，できることを増やしたり，スキルを高める教育が生きる力につながらなかったかを考える必要があります。原因を調べて明らかになったのは，この子どもたちはできないことができるようになったり，身についていないスキルが身についただけでは，生きる力につながら

ないということです。

　何が必要なのでしょうか。それは内面の育ちです。できないことがいくらできるようになっても，内面が育っていなかったら使えないのです。これは通常の子どもでも同じですが，通常の子どもはできるようになったことを，実際に使う，主体的な体験を通して内面が育ち，生きる力にしていくことができます。しかし，この子どもたちは，できるようになったことやスキルを自らの体験に生かすことが難しいですから，できる力はあるのに生活では使えないということが起こってくるのです。これは，内面の育ちを伴わないできることやスキルが多いことが原因です。

　では，どういう内面を育てればよいのでしょうか。キーワードは意識，意欲，主体性です。意識してできたこと，意欲的にできたこと，主体的にできたことであれば，間違いなく生きる力につながります。今までの指導は行動だけに視点を当てすぎです。行動が身についても行動を引き出す内面が育っていなければ，実生活では生きて働かないことは言うまでもないことです。子どもの中にはできることは少ないのに，内面が育っていることで，実生活では不自由なく主体的に生活できている子どもがいます。できないことは自ら支援を求めることができるために，自立的な生活ができているのです。

　生きる力は内面の育ちが重要で，行動は内面の育ちがあって初めて通用する力となりうることを理解しておく必要があります。

　そういう意味では，今まで行ってきた指導や訓練による，できることを増やしたり，スキルを高める指導は見直す必要があります。決して，できることやスキルが必要ないと言っているのではありません。内面を重視した，内面の変化を伴う学習設定に変える必要があるということが言いたいのです。

　今，教育現場では指導から支援へと移行が進められています。支援が重要視されている意味は，もっと内面の育ちに目を向けようということなのです。指導者に求められているのは行動への支援ではありません。意識を変える支援，意欲を引き出す支援，主体的に行動する支援，すなわち内面への支援であることを忘れないでほしいと思います。

(4) **存在価値の向上**

　「存在価値の向上」は，これからの教育の重要なキーワードになります。なぜこれがクローズアップされているのか，について説明します。

　先にも述べた通り，今までの教育では，自立，社会参加，就労を実現するために，できることを増やしたり，スキルを高めることに一生懸命でした。しかし，これだけでは質の高い社会参加や就労は難しいのです。

　この子どもたちの学校卒業後の生活実態を調べてみると，ほとんどの子どもが，生活の質，人生の質，職業生活の質を低下させていることがわかっています。生活はできているが，質の高い生活ができていないのです。ひと言で言えば「なんとなく生活をしている」「淡々と生活している」「楽しみや生きがいのない生活をしている」状態でしょうか。とにかく，存在価値の低い生活を強いられていると思わざるを得ません。こんな生活が学校卒業後の50年，60年続いてよいのでしょうか。よいはずがありません。我々指導者が学校教育で行わなければならないことは，彼らが，学校卒業後の50年，60年をどう生きるかに視点を当てた教育です。人生の質を高める教育こそが求められているのです。人生の質を高めるためには，子どもたちが直面している生活で存在価値を示す必要があります。存在価値を示すことができない生活は，質が低いことは言うまでもありません。これが，存在価値の向上がクローズアップされている理由なのです。

　では，具体的にどういう教育を行えばよいのでしょうか。もっと集団生活の中で周りの人に「認められたり」「必要とされたり」「役に立ったり」する生活を確立する必要があります。果たして，この子どもたちは，家庭で家族に認められたり，必要とされたり，役に立ったりの生活ができているでしょうか。学校で先生や友達に認められたり，必要とされたり，役に立ったりの生活ができているでしょうか。筆者の見る限りでは，そんな生活ができている子どもは少ないように思うのですが，どうでしょうか。指導や訓練だけに目が向き，そんなことは考えていなかった，という人もいるのではないでしょうか。家庭や学校で存在価値が認められていない子どもが，地域社会で存

在価値を示すことができるでしょうか。できるはずがありません。職業生活においても同様です。我々が求めなければならないのは地域社会や職業生活で、その子なりの存在価値を示すことができる子どもを育てることです。

社会参加は単に社会に参加することではありません。社会に適応することです。社会に適応するためには、社会で存在価値を示す必要があります。存在価値を示さない適応はありえません。これは、我々の働く生活を考えれば容易に理解できることです。存在価値を示すことが、人生の質を高める社会参加と言えるのです。

人生の質を高めるためには、少なくとも学校教育の中で、家庭や学校や地域で存在価値を示すことができた子どもを育て、職場や社会に送り出していくことが必要ではないでしょうか。最近では、存在価値を高めるために「地域学習」を取り上げ、成果をあげている学校があります。その事例をいくつか紹介をします。

① 岡山県立誕生寺支援学校の事例

この学校の高等部では地域学習に力を入れ、地域の人との自然なかかわりを通して、子どもたちの存在価値を高める学習を積極的に進めています。学校近くのJR弓削駅の駅舎にアンテナショップを開設し、コーヒーを出したり作業製品を販売しています。これがなかなかの盛況です。高等部の子どもたちで運営をし、週2日の1日4時間ほどの開店ですが、お客さんは1日に60名ほど来店し、毎回大変にぎわっています。なぜ、これほどのお客さんが来られるのでしょうか。「障害をもっている子どもたちのお店だから行ってあげよう」などという温情は一切ありません。コーヒーはおいしいし、販売している製品は価値が高く、すばらしいからです。子どもたちの対応がりっぱだからです。

喫茶コーナーでのコーヒーは安くておいしいことが評判になり、地域の人の憩いの場になっている、と聞きました。筆者も何度かコーヒーを飲みましたが、子どもたちのきびきびした態度、対応に感心させられました。また飲

みに来たいと思わせる雰囲気がありました。時には室内がいっぱいで入れないことがあるようですが、そのときは、駅の待合室を利用してコーヒーを飲んでもらう、ということでした。しっかりと駅に溶け込んでいるところが、またいいところです。

作業製品の販売は、市販のものと比べてもまったくそん色ない、選び抜かれた、質の高い製品だけですので、販売品によっては開店前に行列ができて、あっという間に売り切れる、と聞きました。

こうした生活ができたなら、否が応でも存在価値は高められるのではないでしょうか。地域の人が、りっぱな作業製品を作る彼らの仕事ぶりや、彼らの応対、態度を見て存在価値をしっかりと認めてくれているのですから、彼らも自信をもって、意欲的に作業製品を作り、応対をするようになるのです。このように、この子どもたちは地域の人たちによって育てられ、存在価値を高めているのです。

言うまでもなく、存在価値は先生が高めるものではありません。自分で高めていくものです。地域の人とのかかわりを通して、子どもたち自身が存在価値を高めていくことができる取り組みをどう設定するかにかかっているのです。

この学校では肢体不自由部門を併設していますが、ここでも、とても参考になる地域学習を展開しています。肢体不自由の子どもは、その障害からか地域とのかかわりが疎遠になることが多いですが、ここでは、この子どもたちならではの地域学習を模索し、積極的に存在価値を示す学習を展開しています。地域で彼らが存在価値を示すためにはどうすればよいか、先生方が真剣に考え、実践に移しているところがすばらしいのです。

肢体不自由の子どもですから、実際に地域に出かけていって、存在価値を高めるのはなかなかに難しいことです。そこで先生方は、市の福祉協議会が地域のお年寄りに弁当を配達していることに目を留め、弁当の上紙をこの子どもたちで毎回デザインさせてほしいと頼んだのです。快く了解を得て、子どもたちそれぞれがパソコンを使ってのデザイン作りが始まったのです。責

任のある仕事ですから子どもたちも真剣そのものです。実際，筆者も見せてもらいましたが，感動するようなデザインの上紙ができていました。上紙には作成者の名前とコメントが入っています。子どもたちの上紙が取り入れられた弁当になってからは，お年寄りの人たちが以前にも増して，弁当を届けてくれるのを楽しみに待つようになったと聞きました。何よりも，上紙のデザインとコメントが楽しみだという人も多いと聞きました。地域の人とかかわる中で，子どもたちの仕事が認められたということですから，すばらしいことだと思います。子どもたちが，自信とやる気をもって上紙の作成に取り組み続けたのは言うまでもありません。地域の人とのかかわりを考えなかったら，こうはいかなかったと思います。障害や能力には関係なく，どんな子どもにも存在価値を高める学習があることがわかる事例です。

　存在価値を高める学習は，先生が意識さえすればどんな子どもであっても計画，展開できますし，将来の生活を考えるならば，積極的にしなければならないことである，と強く思います。

② **愛媛県立みなら特別支援学校松山城北分校の事例**

　愛媛県松山市には，江戸時代中期に始まった民俗芸能で伊予万歳（祝福芸）という舞踊があります。10人ほどで扇を多数使って老松（おいまつ）を表すなどなかなかに難しい踊りです。今でも伝統を継承し，おめでたい席で披露されています。

　松山城北分校は，新設された高等部だけの学校です。新入生が入学してきたとき，地域で伊予万歳を継承している公民館長さんが，入学してきた子どもたちに伊予万歳を教えたいと言ってこられたそうです。先生方は，踊りの難しさを知っているし，自閉症を含め，集団に適応しにくい子どももいるということで，お断りをしたそうです。しかしながら，最終的には公民館長さんの熱心な働きかけもあって指導をお願いすることになりました。総合的な学習の時間を使って公民館長さんの根気強い，熱心な指導が始まりました。そして，1年後には子どもたちが見事な踊りを披露するまでになったのです。

市民会館での，ある研究集会で発表したそうですが，堂々とした，すばらしい踊りで会場からの拍手が鳴りやまなかったと言います。今では地域のさまざまな行事に呼ばれ，踊りを披露しているのです。先生方も子どもと同じように習ったそうですが，子どものほうがはるかに上達が早く，先生方の踊りは，子どもたちから問題点を指摘されたり，やり方を教えられたりする日々であった，と聞いています。

このような事例に出合うと，この子どもたちは，できないのではなくできる場が与えられていないだけではないか，できる力をもっているのに，指導が行われていないために，せっかくの力が発揮できていないのではないか，と思わざるを得ません。このケースでも，公民館長さんの積極的な働きかけがなかったら，子どもたちの力も発揮されることはなかったのではないかと思います。

公民館長さんの指導は踊りだけにとどまりませんでした。さまざまな場面で指導力を発揮してくれたそうです。りっぱな踊りができるようになるには，個々の特性を生かした対応が重要であることは言うまでもありません。公民館長さんは，さまざまな障害のある個々をしっかりと把握し，個々の存在をどこまでも生かす指導を行ってくれたのです。これが功を奏したことは間違いありません。こうした真剣な対応が個々の子どものよさを知るきっかけとなり，「この子にはこういう仕事が合っている」と現場実習先まで紹介してくれた，と聞きました。校長先生が「この子どもたちは，公民館長さんが就職先まで見つけてくれるのではないかと思っている」とおっしゃっていましたが，筆者は，地域を巻き込んだこうした学習こそが，これから求められているのではないかと思いました。

地域で存在価値を高めるためには，地域で存在価値を高める学習が必要なのです。指導者はもっと地域に目を向けるべきですし，地域の専門家を活用した取り組みを行うべきです。学校と地域が垣根をなくし，地域の協力を得ながらともに歩む学校づくりが必要なのです。これは，子どもたちが将来，地域で生活することを考えれば，当たり前のことです。学校という限定され

た集団での活動が多いのが今までの学校教育です。もっと教育の幅を広げなければ，子どもたちの社会参加は進まないと，考えてもいいと思います。

③ 京都府立宇治支援学校の事例

この学校は開校5年目を迎えますが，開校当初から地域学習を教育課程の柱に据え，地域を巻き込み，地域とともに歩み，地域で子どもたちが存在価値を示す学校づくりを目指しています。これからの特別支援学校の教育の方向性，在り方を具体的に示そうと，学校と地域が一体となって実践研究に取り組んでいます。子どもたちが地域の人とかかわり，地域で豊かに暮らす生活を当たり前にすることが，この学校が求めている自立，社会参加，就労の在りようです。

筆者は何度もこの学校を訪問し，その実践を見せてもらいましたが，地域の人たちが，障害をもっている子どもたちだから，何とか支援をしなければという気持ちではなく，ごく当たり前に，自然にかかわっていることがよくわかります。通常の学校も特別支援学校も等しく，同じ地域で育っていかなければいけない，また，育てなければいけない子どもたちだという認識です。地域でこうした学校の位置づけが確立すれば，どんな子どもでも育っていくのではないでしょうか。

地域の大学生と肢体不自由の子どもがコラボして合奏するところを見ました。子どもたちは障害が重度で，わずかに動く手足や口を使って音を出し，大学生はリズムを奏でているのです。大勢の観客がいましたが，拍手喝采でした。子どもたちがしていることはごくわずかなことかもしれませんが，子どもたちがもっている力を精いっぱい出し切って活動している姿に，多くの人が感動したのだと思います。筆者も同じでした。大学生が子どもたちをカバーしているという雰囲気ではなく，1つの楽団の演奏という感じでした。これが，この学校でしようとしている地域学習です。大学生たちがどんな気持ちでこの学習に参加しているかを聞いたところ，「僕たちはボランティアで参加しているのではない。この子どもたちとの演奏が楽しいからここに来

ている。子どものためではなく，自分のために参加している」ということでした。何とも頼もしいことばです。存在価値を高める地域学習がしっかりと根付いていると感じました。

　高等部の子どもたちが，地域の女性の和太鼓サークルの人に和太鼓の演奏を習う授業を見ました。子どもたちは和太鼓を習うのが初めてらしく，なかなか思うように叩けません。最初に見た限りでは，演奏などとても無理のように思えました。でも，さすが地域の女性で作るサークルなだけあって，子どものよさをうまく引き出しながら，一つ一つ段階的にメリハリをつけて教えていくのです。子どもたちも，自身がだんだんうまくなっているのが実感できるのでしょう。上手になろうとする意欲が見て取れました。40分ほどの授業でしたが最後にはサークルの人たちと見事にコラボした演奏を披露したのです。見ていて感動しました。はっきり言って，先生たちよりも対応が上手ではないか，と思いました。

　その違いがどこにあるか，筆者なりに考えてみますと，サークルの人たちには，何とか和太鼓ができるようにしなければいけない，という教える対応ではなく，みんなで楽しく和太鼓の演奏をしようという，楽しさ１点に絞った対応をしていました。まず最初に子どもたちに自由に太鼓を叩かせ，太鼓を叩くことの楽しさを肌で感じさせるようにしていました。和太鼓は楽しいものだということを実感させるためだと思いました。こうした気持ちを大切にした後に，和太鼓の叩き方を教えたのです。そうすると不思議なようにスキルが身についていくのです。まさに参考になる対応の仕方を見せてもらいました。

　楽しいからやる気が出てくる。やる気が出てくるから，よい演奏をしようという気持ちになり，スキルが磨かれるのです。形から入るのではなく，楽しみから入る，これが重要なポイントであると思います。先生方はややもすると，スキルを優先し，スキルが高まればよい演奏ができると考えがちです。決してそうでないことを，この和太鼓サークルの人は教えてくれました。

(5) 社会的役割の引き上げ

　存在価値の向上と同じく，社会的役割を引き上げる学習もこれからは重視しなければなりません。家庭生活，学校生活，地域生活，職業生活，社会生活において，子どもの存在はどのように位置づけられているのでしょうか。

　家庭生活において，「この子どもには手がかかって大変だ」「何をやらせてもできない」などという保護者はいないでしょうか。

　学校生活において「障害をもっているのだから無理させなくてもよい」「できないことは手伝ってあげればよい」「楽しい1日であればよい」などという先生はいないでしょうか。

　地域生活において「他の子に迷惑をかけることはないでしょうか」「こういう子どもを教える先生方も大変ですね」などという地域の人はいないでしょうか。

　職業生活において「障害のある子どもが働く仕事はうちにはありません」「任せられる仕事ができるのですか」「1日8時間の仕事に耐えられるのですか」などという職場の人はいないでしょうか。

　社会生活において「1人でバスに乗せないようにしてください」「買い物は保護者同伴でお願いします」などという人はいないでしょうか。

　実は，これらは筆者が実際に見聞きしたことの一部です。彼らが生活していく上での位置づけがいかに低いかがわかります。これは障害をもっているからなのでしょうか。筆者はそうは思いません。彼らが直面する生活の場で社会的役割を引き上げる指導を行ってこなかったことが，多くの人に，こうした意識をもたせたのではないかと思っています。

　周りの人が，「障害者＝何もできない＝援助が必要な人」ではなく，「障害はもっているが，できることはたくさんあり，すべての生活場面において貢献できる人」という認識がもてるような指導をしていく必要があります。「障害があってできないことが多いから理解をしてください」という働きかけではなく，「障害はあるが，こういうこともでき，こういう貢献もできますよ」というように，彼らのよさを認知してもらう働きかけをしていかなけ

ればなりません。できないことに目を向けるのではなく，できることに目を向けてほしいのです。そうすると，彼らはさまざまな力をもっていることがわかります。家庭や学校や地域や職場や社会で貢献できる力をもっていることがわかるはずです。

　端的に言えば，期待する教育を行い，期待できる存在にすることが，社会的役割を引き上げる，ということになるのです。

　社会的役割が引き上げられてくると，間違いなく周りの人から，積極的に彼らに働きかけをしてくれるようになります。こうしたかかわりが当たり前になれば，ますます，社会的役割が引き上げられ，さまざまな生活において，存在感のある位置づけが確立するのです。これが人間社会の求めるべき姿ではないでしょうか。我々側が一生懸命，周りの人に働きかけをし，理解を求める教育をするのではなく，周りの人たちが自然に，積極的にかかわってくれる教育を目指すのです。

　では，具体的にどういう教育が効果的でしょうか。ここでは，どの学校でも取り入れている交流教育と最近，全国的に徐々に増えている技能検定を例に述べてみたいと思います。

①　これからの交流教育

　通常の子どもたちとの交流は今までも行われてきました。しかし，これからの交流は今までと違ったやり方が必要になります。具体的に言うと，今まではどちらかと言えば，「してもらう」「してあげる」という関係の交流が中心でした。これでは，彼らの社会的役割を引き上げることができないことは言うまでもありません。交流は対等の関係が基本です。対等の関係であってこそ社会的役割が引き上げられるのです。通常の子どもが障害のある子どもと交流したいと思い，障害のある子は通常の子どもと交流したいと思って初めて交流は成立します。そして，交流が終わって，通常の子どもも障害のある子どももともに「してよかった」「またしたい」という気持ちが生まれることが重要です。少なくとも気持ちは，対等の関係である必要があります。

社会的役割を引き上げる必要があるのは，何も障害のある子どもだけではありません。通常の子どもも同じです。最近は，インクルーシブ教育がクローズアップされています。インクルーシブ教育とは，端的に言えば，共生教育，集団に適応する教育ということになります。通常の子どもと障害のある子どもがともに生きる，すなわち，ともに集団を形成し，お互いが適応し合うことを目指しているのです。これからの交流教育には，こうしたインクルーシブ教育の考え方を取り入れることが必要になります。

　では，どういう活動をすれば，お互いが社会的役割を引き上げることができるのでしょうか。社会的役割の引き上げは，通常の子どもたちだけや障害のある子どもたちだけの限られた集団の中では限界があります。通常の子どもと障害のある子どもがともに生きる当たり前の集団で，お互いが存在価値を認め合い，それぞれが，それぞれの役割を果たすことで，集団の質を高めていくことを基本に考える必要があります。当たり前の集団での質が高められることによって，社会的役割が引き上げられるのです。こうした集団での活動を求めているのが，これからの交流教育なのです。

　実際の事例を挙げてみます。

＊対等の関係による交流＊

　ある特別支援学校の中学部1年生の子どもが，地元の中学校の通常の学級の授業に参加するという交流教育を行いました。交流を実施した授業は，家庭科と美術科です。「特別支援学校の子どもが通常の子どもの授業に参加できるのか」「お客さんになるだけではないか」「両方の子どもにとってマイナスになるのではないか」などという声がないわけではないですが，そういう壁を乗り越えて，また，そういうことが起こらないような合理的配慮をして，新たな集団での質を高めていくことが社会的役割を高めることになるのです。

　授業への参加にあたっては，筆者と特別支援学校の担任と中学部主事，中学校の担任と教科担任と教頭先生とで事前に話し合いをもちました。

　確認したのは，次の7点です。

- ●障害のある子どもが授業に参加するからといって，授業の質を落とさないこと
- ●ことばでの働きかけよりも，できるだけ画像，映像を使ってほしいこと
- ●障害のある子どもにも発言の機会を与えてほしいこと
- ●集団としての質の向上に努めること
- ●特別支援学校の担任は中学校の学習内容に合わせて補習授業を行っておくこと
- ●障害のある子どもを孤立化させない，お客さん扱いをしないこと
- ●特別支援学校の担任が支援者として授業に参加すること

　実際の授業では，障害のある子どもが突然，通常の中学校の授業に参加したという戸惑いはまったくなく，普段からともに授業を受けている雰囲気でした。幼児期からともに地域で育った友達が多くいたことが，どちらの側にも安心感を与えたのだと思います。美術科と家庭科の授業でしたから，理解しやすかったことも効果的でした。事前に補習授業を受けていたことと，通常の学級の先生が，画像や映像を使っての授業を展開してくれましたので理解できることも多く，何度か発言の機会がありました。特別支援学校の担任の先生が側についてタブレットを使いながら説明をしていたせいもあって，的外れの発言ではなく，周りの子どもたちが一斉に振り向くような意外性のある，的を射た発言も飛び出しました。見ていてとても楽しい授業でした。
　通常の子どもたちの感想は，「普段の授業と変わりなくできた」「障害があっても自分たちにないものをもっていることがわかった」「随分成長していることがわかった」（地域の同級生）「声が大きくて見習わなければいけないと思った」「また一緒に授業を受けたい」など大半が好意的な意見でした。中には「不用意な言動が気になった」という意見もありましたが，集団に適応するためには重要な指摘で，これは特別支援学校でしっかりと指導しなければならないことだと感じました。一方，障害のある子どもの感想は，「楽しかった，また参加したい」「友達に会えてよかった」と表情をゆるめていました。こうした成功体験を積み重ねていけば，間違いなくお互いが社会的

役割を向上させることができると意を強くしました。

　これからは，インクルーシブ教育は欠かせません。形だけを先行させる交流ではなく，両者にとって意味ある交流を行うことが求められていると理解してほしいと思います。

してあげる交流

　してあげる交流は，彼らにとって大きな自信となり，社会的役割を引き上げるためには大変有効です。

　広島県立三原特別支援学校大崎分教室は瀬戸内海の島にある，生徒数10名ほどの学校です。小学校の校舎の一部を利用して教育が行われています。この学校の公開授業研究会に参加したときのことです。

　まず学校に着くと，高等部1年生の生徒が出迎えてくれました。いろいろな学校を訪問しましたが，こういうことはありませんでしたので，感動しました。生徒はていねいに「控室にご案内します」と言って案内してくれました。先生はついていません。これがまたいいところです。一緒に歩きながら，いろいろと学校のことを聞きましたが，的確に答えることができるのでうれしくなりました。控室に通されると，高等部の別の生徒が接待をしてくれるのです。「いらっしゃいませ。お茶とコーヒーがございますが，どちらにしましょうか」と尋ねてくれ，お茶をお願いすると，「少々お待ちくださいませ」といって下がり，すぐにお茶を持ってきてくれるのです。次には「私たちが試作品で作ったお菓子です。どうぞ召し上がってください」というのです。生徒たちによる，こんな気持ちの込もった接待は初めてでした。こういうことを積極的に取り入れている，この学校の教育方針，指導姿勢に感心させられました。小さな学校だからできる，という人もいるかもしれませんが，筆者はそうではなく，小さな学校であるにもかかわらず，こうした教育が行われていることを高く評価したいと思いました。

　この学校では，こうした，してあげる交流が日常的に取り上げられていました。

出張カフェといって，地域の高齢者施設などに出向き，喫茶店と同じ雰囲気を設定し，コーヒーを出す体験学習を行っていました。コーヒーを飲んだ人たちからは「久しぶりに喫茶店でコーヒーを飲んだ気持ちになった。ありがとう」という感謝の気持ちが伝えられ，生徒たちは大変喜んだと聞きました。こういう交流体験学習が子どもたちに自信と誇りを与え，社会的役割を引き上げるのです。
　また，技能検定（広島県教育委員会主催）の清掃部門で１級をとった生徒が，通常の小学校の６年生に掃除の仕方を教える学習も行った，と聞きました。障害のある生徒が先生になって，通常の子どもに教えるのです。習った小学６年生からは「すごく勉強になった。これからは習ったように掃除をしたい」という感想が寄せられたそうです。
　さらには，高等部のある生徒は，自分で地域に出かけていって取材をし，壁新聞を作り，小学校の子どもたちや先生に読んでもらい，評判になっているとも聞きました。
　学校という狭い集団から抜け出して，自分たちのできる，してあげる貢献をしていくことが，地域社会で生きる力を身につけ，人間性を育てるのです。

② 技能検定

　最近は全国各地で技能検定が実施されています。愛媛県でも，2014年度から実施していますが，子どもたちの存在価値や社会的役割を引き上げるのに大変効果的な取り組みだと実感しています。
　知的障害の子どもたちが，目標達成のために努力をしようとする活動が今までの学校教育の中でどれくらいあったでしょうか。筆者の知るところでは，ほとんどなかったのではないかと思います。通常の子どもであれば高校生ともなると，大学受験や就職，また資格習得に向けてほとんどが日々努力をしています。こうした体験を通して，自分の能力や得意を知り，それぞれが将来に向けての方向性や目標を決めて人生を歩むことになります。知的障害の子どもは，そうした体験がほとんどないまま，職場や社会に出ていっていま

す。将来への方向性も目標ももてないまま生活をするのですから，人生の質が高まるはずがありません。

　今，全国的に障害者の就労率の低さが問題になっていますが，技能検定を取り入れたことで就労率が大幅に改善されたという県も出てきています。こうした点から考えても，技能検定は，彼らにとっては貴重で，画期的な取り組みであり，全国で実施すべきであると思っています。できれば全国的に統一された技能検定が実施されることが理想的です。

　ここでは，愛媛県での実施事例を紹介したいと思います。

　愛媛県では年2回，8月と12月に実施しています。種目は，清掃サービス部門4種目（机拭き，自在ぼうき，水拭きモップ，ダスタークロス），接客サービス部門1種目（喫茶サービス），販売実務サービス部門1種目（商品化）の3部門6種目を行っています（2014年度）。すべての種目を多くの人が見学できるよう県武道館に設置した8つのコートで，一斉に検定がスタートします。静寂な張りつめた雰囲気での検定になります。子どもたちは，緊張しながらも真剣そのものです。検定の審査員は各コート2名ずつ企業関係者が務め，厳正な審査が行われます。級の認定は1級から10級までであり，判定基準に沿って，実施委員会で慎重に審議され級が決定されます。後日，愛媛県教育長名で認定証が授与されます。1級の人は県庁に呼ばれ，教育長が自ら一人一人に認定証を授与します。非常に重みのある認定になっています。

　まだ始まったばかりですが，子ども，保護者，教師からは前向きな感想が多く寄せられています。子どもたちからは，「目標をもって学校生活を送れるようになった」「検定に向けて友達と一緒に自主練習を始めた」など，主体的で，積極的な意識の変化が芽生えています。保護者は「真剣に取り組む姿を初めて見た，うれしかった」「大勢の前での検定で自信がついたのか，すべてに前向きに取り組むようになった」「子どもに期待をもつようになった」と喜びを声にしています。教師は「企業側の厳しい目線を知る機会になった」「就職に向け，何に取り組まなければならないかが見えてきた」「目標を達成できるよう子どもとともに頑張りたい」など学校教育の在り方を問い

直そうとしています。

　2，3年後には，この検定が企業をはじめ多くの人に認知され，彼らの存在価値は間違いなく向上すると思っていますし，彼らも，自分で努力して勝ち取った検定1級に自信と誇りをもって職場や社会に巣立っていってくれるものと信じています。

(6) コミュニケーション力の向上

　人が生きていく上で，コミュニケーションは欠かすことができないものです。豊かな生活，豊かな人生はコミュニケーションがどれだけとれるかどうかによって決まってくると言っても過言ではありません。どこの学校でもコミュニケーションの指導には力を入れてきましたし，今も重視して取り組んでいます。しかし，その成果が出ているかというと，そうではないようです。重視して取り組んできた割には，現場実習先や就職先からはコミュニケーションについて，課題を指摘されることがよくあると聞きます。

　具体的には「指示をしても指示通り動けない」「自分から訴えてくることがほとんどない」「人の話を聞かない」「話をしていてもきょろきょろして落ち着きがない」「話をしているとき人の目を見ない」「人の話を聞く姿勢がよくない」「ことばはあるのに会話が成立しない」「ていねいなことば遣いができない」などなどです。仕事はよくできるのに，コミュニケーションの問題により離職した例も少なくありません。

　職業生活や社会生活は，コミュニケーション力を土台として成り立っています。コミュニケーション力がなければ職業生活，社会生活に適応できないと言ってもいいと思います。コミュニケーション力が高いほど，生活の質が高いこともわかっています。このことは十分認識しておく必要があります。先に挙げた存在価値の向上，社会的役割の向上とともに，彼らの人生の質を高めるためには，今後，どうしても重視して取り組まなければならない指導の1つだと言えます。

　コミュニケーション力は，ことばがあるとか，ないとか，また能力が高い

とか，低いとかによって，必ずしも左右されるものではありません。

　では，具体的にどういう取り組みが必要なのでしょうか。重要なポイントを挙げて説明したいと思います。

① ことばは重要か

　コミュニケーション力とは「他者とコミュニケーションを上手に図ることができる力」です。他者とコミュニケーションを図るためにことばは必要なのでしょうか。ことばがあることは重要なことですが，なければ他者とコミュニケーションが図れないかというとそうではありません。人間のコミュニケーションにおいてことばの果たす役割はどのくらいあるかというと，7％しかないと言われています。93％はことば以外のことが関係しているのです。その半分は身だしなみです。残りの半分は表情です。きちんとした身だしなみをして表情豊かであれば，ことばがなくてもコミュニケーションはとれるということです。親しい者同士であれば，黙って向かい合っているだけでコミュニケーションがとれていることを考えれば，ことばにそれほどこだわることはないことがわかります。重要なのは相手との関係性です。コミュニケーションは，人と人との関係性の中でどう生きることができるかが問われています。いくらことばがあっても，人と人との関係性の中で機能しなければ意味がありません。ことばがあるのに人に働きかけのできない子どもはいくらでもいます。一方，ことばはないのに，身ぶり，手ぶり，表情で人に働きかけをし，関係性を築いていくことができる子どもはたくさんいます。人が好きで，人とかかわることを楽しむことができる子どもが，ことばをもっていたなら，より質の高い関係性を築いていくことができることは言うまでもないことです。

　いずれにせよ，周りの人に受け入れられる基本行動を身につけ，表情豊かな子どもを育てれば，人との関係性は向上し，より豊かなコミュニケーション力を高めることができる，と理解しておく必要があります。

② 機能するコミュニケーション力とは
　これは，当たり前のことではありますが，コミュニケーション力が機能している子どもを調べてみると，主体的に行動できている子ども，目的的に行動できている子どもが多いことがわかります。一方，コミュニケーション力が機能していない子どもほど主体的行動，目的的行動が少ないこともわかっています。これは何を意味するのでしょうか。主体的，目的的に行動できるということは，見通しをもった行動ができるということです。ことばを変えれば，想像力，イメージ力が高いと言えます。コミュニケーション力が機能するには，この想像力，イメージ力が重要です。行動を想像したり，イメージしたりできなければ，人に働きかけたり，人から働きかけられたりすることの意味が理解できません。コミュニケーション力が機能しないことになります。主体的行動，目的的行動が，コミュニケーション力を高めるために欠かせないことがわかると思います。
　コミュニケーション力を高めるためには，指示すれば行動できる子どもを育てるのではなく，自ら主体的，目的的に行動できる子どもを育てる必要があります。

③ 知的理解力と行動的理解力
　コミュニケーションにおいては，理解力が重要であることは言うまでもありません。理解力は，知的理解力と行動的理解力に分けることができます。知的理解力は知的に理解する力，すなわち教科学習等を通して理解するさまざまな力です。頭で理解する力です。行動的理解力は行動を通して理解する力，すなわち体験を通して得られるさまざまな力です。コミュニケーションを行う上ではどちらも重要で，どちらに偏ってもコミュニケーション力を向上させることはできません。知的理解力に優れていても，行動的理解力に劣る人はいくらでもいますが，こういう人は機能するコミュニケーション力を身につけているとは言えません。頭で理解していても，行動が伴わなければ相手とのコミュニケーションはかみ合いません。

知的理解力に劣っていて，行動的理解力に優れている場合はどうでしょうか。こういう人たちは結構，コミュニケーション力を身につけていることが多いのです。生きる力を身につけているからです。基本的にはバランスよく両者が発達していることが理想ですが，そうはいかない子どもたちもいます。知的障害の子どもは知的理解力に弱さをもっています。教科学習で身につけた知識や技能を実際の生活で生かすことがなかなかできません。知的に理解したことを応用，般化することが難しいのです。学校では計算問題や，応用問題ができていても買い物となるとその力が発揮できないことが多いのです。一方，行動的理解力はというと，知的理解力に比べると可能性は随分広がります。知的障害の子どもたちに，教科学習ではなく領域・教科等を合わせた指導を行うのは，彼らの特性を生かすためです。行動的理解力を高めることが生きる力を育み，コミュニケーション力が向上することが期待できる，と考えているからです。

④　コミュニケーション・マインドの重要性

　コミュニケーションと言うと，ことばに注目し，いかにことばでのやりとり（会話）ができるようになるのかを考えがちですが，ことばでのやりとりができる前にやるべきことがあることを知っておいてほしいと思います。

　人間は，どのような発達過程を経て会話ができるようになるのでしょうか。ことばを覚えたら会話ができるようになるのではありません。ことばを覚える前に身につけなければいけないことがあるのです。ことばを知らない赤ちゃんの行動を考えてみてください。赤ちゃんはみんな，泣いたり，笑ったり，ことばにならない声を出したり，身ぶりや手ぶりや表情などを使って親に自分の要求を伝えようとします。親は，子どもが何を訴えているのかわからないながらも，一生懸命応えようとします。そのうち，子どもの訴えがわかるようになり，泣いただけで子どもの要求に応えることができるようになります。子どもも，お母さんの表情や働きかけに応じ，喜びをあらわすようになります。お母さんの表情からお母さんの気持ちを理解しようとするのです。

ことばもないし，ことばの理解もできない赤ちゃんですが，りっぱにコミュニケーションが成立しているのです。このことに注目すべきです。

　実は，人間は，ことばを覚える前に身ぶりや手ぶりや表情などを使ってコミュニケーションの仕方，方法を学びます。コミュニケーションの仕方，方法が身についているからこそ，ことばを覚えると会話ができるようになるのです。もし，赤ちゃんのとき，母親が子どもの身ぶりや手ぶりや表情などを使った訴えを無視し，応えることがなかったとするならば，どうなるのでしょうか。ことばはあるのに会話ができない子どもになってしまいます。

　自閉症の子どもを例にとればわかりやすいと思います。自閉症の子どもは赤ちゃんのときは手がかからず，いい子だった，という話をよく聞きます。裏を返せばそれだけ，母親への働きかけが少なかった，ということでもあります。コミュニケーションの仕方，方法を学ぶ機会が少なかった子どもたちなのです。こういう子どもに，ことばを教えて会話ができるようになるかというと否です。コミュニケーションの仕方，方法が身についていませんから，せっかく覚えたことばも機能しないことが多いのです。

　では，どうすればよいのでしょうか。コミュニケーションの仕方，方法を身につけるのです。具体的には，コミュニケーション・マインドを育てることが必要になります。身ぶり，手ぶり，表情などを使って要求する体験を積み重ねるのです。コミュニケーション力を育てるためには，ことば以上にコミュニケーション・マインドが重要であることを理解しておいてほしいと思います。

⑤　**相互作用の成立が重要**

　コミュニケーションとは，こちらの意図が相手に伝わることではありません。こちらの意図が相手に伝わり，相手の意図がこちらに伝わって初めて成立するものです。しかしながら，学校現場での先生方の指導を見ていると，どうも，先生の意図を子どもが理解するための働きかけが中心になっています。これでは子どものコミュニケーション力は育ってきません。

小学部のある先生の生活単元学習の授業をビデオ撮りし，先生の子どもへの働きかけを分析したことがあります。結果を見て，まず驚かされたのは，先生は本当によくしゃべる，ということです。子どもが理解しているか，していないかを考えることなく，通常の子どもに対応するように話し続けているのです。しかも，そのことばの95％が抽象的用語なのです。厳しい言い方ですが，教師の自己満足の授業としか思えませんでした。

　先生は導入で，主に子どもたちが行う活動内容について説明をしていたのですが，誰も聞いているようには見えませんでした。自閉症の子どもたちは常同行動を起こしたり，奇声を発したりしていました。筆者には，明らかに「先生の言っていることがわかりません。もっとわかるように説明してください」の訴えのように感じました。

　長い説明が終わって，やっと活動に入ることになりましたが，子どもたちは先生の説明が理解できていませんから，誰も動こうとしません。結局，先生が一人一人具体的に説明をして回るのです。ここでもことばが中心で，わからない子どもがいました。先生はようやく，具体的なやり方を見せるようにしましたが，そのときはもう授業の半分が経過していました。結局，子ども側に立てば，何をしたかわからないままに終わった授業でした。筆者が最も気になったのは，子どもの意図がまったく反映されない授業であったということです。

　先にも述べたように，コミュニケーション力は相互作用が成立して初めて高められるものです。相互作用の成立とは，こちらの言うことが子どもに伝わり，子どもが正しく理解し，正反応を起こすことと，教師が子どもの意図を正しく理解し，正反応を起こすことの両方が行われている状態を言います。そういう意味では，先の授業においては，先生は一人一人の子どもの実態をしっかり把握し，子どもが理解し，正反応を起こす働きかけはどうすればよいかを，事前に分析，検討しておく必要がありました。一方で，子どもの意図や訴えを理解し，先生が正反応を示す場面を増やすことも必要だったと思います。

いずれにしても，子どものコミュニケーション力は相手の意図が理解できるよりも，自分の意図が相手に伝わったときにこそ向上することを知った上で授業を行ってほしいと思います。

⑥ コミュニケーション力の向上のための指導事例

筆者が訪問した学校で，こういう学習を行うべきだと思った事例をいくつか紹介します。

まず最初は，京都府立宇治支援学校の研究会に参加したときのことです。昼休みに，体育館で生徒たちによるポスター発表があるので参加してほしいと言われ，行きました。研究会でポスター発表はよくありますが，生徒の発表は初めてで大変興味がありました。高等部の生徒たちが，作業グループごとに分かれて自分たちでポスターを作り，作業学習でどんなことをしているかを説明したり，質問に答えたりするのです。先生方が行っているポスター発表となんら変わりありません。ポスターもなかなかのもので，パソコンを使って，文章を書き，写真も入れ，わかりやすく構成されていました。先生に聞くとほとんど生徒たちが自分で作ったものだということでした。筆者がいろいろ質問しても，的確に質問以上の内容の説明がありました。それがどのポスターでも同じなのです。感心させられました。こういう大勢の前で説明をする場を設けることでコミュニケーション力は本物になり，生きる力として将来に通用する，と思いました。

午後からは，全体会がありました。普通，研究会での全体会では，先生の研究報告が中心ですが，ここでは違っていました。研究報告の前に，高等部3年生の発表が組み入れられていました。これから社会に出ていく生徒の姿を見てもらうのが一番よい研究成果であるというのが，生徒の発表を取り入れた理由だと聞きました。内容は，高等部3年間で学んだことと将来に向けて，8名の生徒同士が語り合うものでした。約40分間，生徒たちだけが壇上に上がり，メモを見ることもなく，学校で学び成長したこと，これからどういう職業生活を送りたいかを話すのです。「自分は入学したときは，○○の

課題があったが,先生や友達のおかげで克服できた」とか,「就職したらお金をためて家を買いたい」など,みんながそれぞれしっかりと自分の考えを述べ,あっという間の40分間でした。この学校で先生方が進めてきた教育実践の成果を確認することのできた発表でした。コミュニケーション力の成果をこういう形で発表されると納得がいきますし,本物のコミュニケーション力が身についていると感じます。

次は,和歌山県立たちばな支援学校の事例です。ここでは高等部の生徒たちが,よそではあまり見られない授業を行っていました。「テーマワーク」と名づけられた,総合的な学習の時間での授業です。内容は,いくつかの講座(食品加工,接客入門,国際理解,社会福祉,趣味の音楽等)が設定されており,生徒たちは,自分の興味,関心や将来の生活を考えて講座を選択し,自分で課題を解決しながら,レポートを作成し,発表するというものです。一種の卒論みたいなものです。難しいのではないかと思うのですが,先生は,こういう学習を繰り返しているうちに,主体的に課題を解決したり,レポートにまとめたり,発表したりする力がついてきた,とその効果を強調されていました。

この子どもたちだから難しい,と考えるのではなく,この子どもたちであっても,こうした学習が成立する方法を考えることが,より質の高いコミュニケーション力を身につけるのではないかと思いました。

2 教育目標の見直し

特殊教育から特別支援教育に変わり,さらにキャリア教育が取り入れられたことで,どの学校でも授業や指導の見直しが行われるようになりました。しかし,教育目標の見直しは,ほとんどの学校で行われていません。筆者は,教育目標を見直すことなくして,授業の改善も指導の改善もないと思っています。教育は,教育目標に従って,授業や指導を行い,常にその結果を評価,検証しなければなりません。教育の質はこうした過程を繰り返すことで向上していきます。授業や指導は教育目標を正しく理解した上で行って,初めて

効果的であることは言うまでもありません。

　ここでは，今までの教育目標の課題を検討しながら，これからの教育目標はどうあればよいかについて，述べてみたいと思います。

(1) 今までの教育目標

　今までの教育目標はどこに問題があり，何が課題なのでしょうか。今までの教育目標とそれに基づく教育実践を図式化すると以下のようになります。

教育目標
子どもの発達を促進し，自立，社会参加，就労の実現を目指す（最終目標）

取り組みの実際
できることを増やしたり，スキルを高める指導や訓練が重視され，障害の重い子どもや能力的に弱さをもっている子どもは取り残される傾向にあった

成果結果
一部の子どもの発達が促進され，自立，社会参加，就労が実現できたが，大半が実現が難しいとされ，先送りされた

　この教育では，教育目標は昔からずっと「子どもの発達を促進し，自立，社会参加，就労の実現を目指す」を掲げて取り組んできました。この教育目標にはまったく異論はなく，大変重要な教育目標であると認識しているのですが，筆者が問題にしたいのは，教育目標を達成するための指導法は適切であったのか，実践の成果がどれだけ出たか，という点です。前者は指導や訓練により，できることも増え，スキルも高まったのですが，生きる力につながらないことがわかってきました。後者は，取り組みの成果は能力の高い，障害の軽い一部の子どもに限られました。これでは，教育目標を掲げて取り組む意味がありません。教育目標はすべての子どもに通用し，実現できるこ

とが基本です。

　では，その原因はどこにあるのでしょうか。筆者は，教育目標の一つ一つの内容が十分に吟味，検討されていないところにあると思っています。

　例えば，教育目標を達成するために忘れてはならないのが発達の促進です。教育目標だけが意識され，子どもの発達が置き去りにされていることはないでしょうか。教育目標の達成は，発達の促進を重視した取り組みを行わなければできるものではないことは言うまでもないことです。

　ところで，発達を促進するために学校現場では，一体どんな努力をしているのでしょうか。1年が終わって，一人一人の子どもの発達がどのように変化し，積み重ねられているかを具体的に評価，検証ができているのでしょうか。日々指導はしても，発達を意識した指導はあまり行っていないというのが実際ではないでしょうか。

　なぜ，こういうことが起こるのでしょうか。筆者は，発達の定義が明確にされていないまま発達をさせる指導を行っているところに，問題があると思っています。言うまでもなく，発達とはできないことができるようになることではありません。スキルが高められることでもありません。内面の変化が発達なのです。このことをしっかりと確認して指導にあたる必要があります。決して，できないことができるようになることやスキルを高めることが必要ないと言っているのではありません。内面の変化が伴わないでできることやスキルの高まりは機能しないし，発達にふさわしくないと考える必要があります。

　発達の促進は「内面の変化」を追求することであり，「行動の変化」を追求することではありません。理想的には「内面の変化を伴う行動の変化」を追求すべきです。こうした考えが明確になっていれば，教育目標に沿った授業での目標設定にも具体性が出てきますし，評価，検証も容易になることは間違いありません。

　ある保護者が「1年間，先生は一生懸命指導はしてくれたが，子どもは発達したようには思えません。むしろ，退行したような気がします」と発言し

たことがあります。発達の定義が明確になっていれば，こうした発言はなくなるのではないでしょうか。教師が保護者に，できたことやスキルの向上だけを伝えていると最後には限界に達し，「この子の発達は難しい」ということになってしまいます。しかし，内面の変化を伝えていると，限界はなく，どこまでも可能性が広がりますから，保護者も子どもの発達を楽しめるようになるのです。そういう意味においても，明確な定義がいかに重要であるかがわかります。これは自立，社会参加，就労についても同様です。これらの定義については，次のところで述べたいと思います。

いずれにせよ，子どもたちが発達をしていく延長線上に自立，社会参加，就労があることを理解しておく必要があります。これが理解できていないところに，これまでの教育目標の課題があるのです。

今までの教育目標の課題を整理すると，次のようになります。

- 教育目標の内容（発達，自立，社会参加，就労）の定義が明確にされていないため，教育目標に沿った実践ができていない
- 教育目標の達成を評価，検証できる仕組みができていない
- 教育目標が最終目標として位置づけられているため，達成できない子どもが置き去りにされている
- 自立，社会参加，就労は発達の積み重ねにより実現することが理解されていない
- 教育で最も重要な発達に視点を当てた教育が行われていない

ではこうした課題を，これからはどのように改善していけばよいのでしょうか。次に述べてみます。

(2) これからの教育目標

今までの教育目標の課題を解決し，実効性のある教育目標にするためには，どうすればよいのかについて述べてみます。

これからの教育目標とそれに基づく教育実践を図式化すると，以下のようになります。

教育目標
子どもの発達を促進し，自立，社会参加，就労を**実現し**（当面の目標），**人生の質を高める**

取り組みの実際
行動よりも内面に重点を置く支援を行い，**意識，意欲，主体性を育てる**

成果結果
すべての子どもの発達が促進され，**すべての子ども**の自立，社会参加，就労を**実現する**

　今までの教育目標と違うところを強調文字で示しています。自立，社会参加，就労は最終目標から当面の目標に変わり，能力，障害にかかわらず，すべての子どもに対して，当たり前に実現することが求められます。自立，社会参加，就労を目指すのではなく，自立，社会参加，就労を実現することで，人生の質を高めることを目指すのです。最終目標が「自立，社会参加，就労」から「人生の質の向上」に変わります。教育活動に目を向けると，学校卒業時点に焦点を当てた取り組みを行うのではなく，学校卒業後の彼らの貴重な人生に焦点を当てた取り組みをしていくことになります。教育とは可能性を求め続ける営みです。可能性を求め続ける教育活動が行われなければ，教育の価値はなくなってきます。教育の価値を示すということも，これから重視しなければならない教育目標になります

　当然ながら，具体的な取り組みも変わってきます。これからの教育はすべての子どもの可能性を求め続けることになりますから，これまでの行動に視点を当てた指導や訓練でなく，内面に視点を当てた支援が重要になります。内面に視点を当てた取り組みを行うということは，発達，自立，社会参加，就労の考え方も変え，支援を重視した対応をしていく必要があります。

では，具体的にどういう考え方に基づく支援が必要なのでしょうか。

3 指導者に求められている4つの支援

　今までの教育では，「発達するための指導・訓練」「自立するための指導・訓練」「社会参加するための指導・訓練」「就労するための指導・訓練」が重視されてきました。しかし，これからは「発達する支援」「自立する支援」「適応する支援」「貢献する支援」が重視されなければなりません。その理由は，すべての子どもの発達を促進し，すべての子どもの自立，社会参加，就労を実現するためです。目標を設定することに重きを置くのではなく，設定した目標を確実に実現する取り組みを行うためです。

　では，具体的にどういう取り組みが必要でしょうか，述べてみたいと思います。

(1) 発達する支援

　発達を促進することが教師の最大の仕事であり，教育で最も重視されなければならないことですが，学校での授業を見ていると，どうもそうではないように思います。先生方は1年間の授業を通して，「この子はこういう発達をした」と自信をもって保護者に伝えることができるのでしょうか。できないとするならば，発達を促進する取り組みが行われていないということになります。ある保護者は，「個人懇談で，あれもできない，これもできない，課題だらけです，と言われ，自信をなくしました。うちの子どもにはいいところはないのでしょうか」と，筆者に涙ながらに訴えました。まさに教師が発達する支援を行っていないケースと言えます。

　発達とは何でしょう。もう一度，整理をしたいと思います。

　発達とは，言うまでもなく，できないことができるようになることではありません。できないことができるようになることが発達とするならば，障害のある子どもたちの発達には限界があるということになります。発達に，できないことができるようになることが必要ないかというと，必ずしもそうで

はありません。できないことができるようになることは必要なことですが，もっと重要なことは，できるようになったことが機能することです。機能するためには，行動できるスキルをもっていることではなく，行動しようとする意識，意欲，主体性，すなわち内面が育つ必要があります。内面が育った上でのできることであれば間違いなく，発達にふさわしいできる力となります。発達は内面の育ちを土台にした行動の変化を言うのです。行動の変化が重要なのではなく，内面の変化が重要なのです。行動の変化を優先するのではなく，内面の変化を優先することが発達を促進することになります。行動の変化は見られなくても，内面の変化が見られる子どもであるならば，発達していると言えるのです。

　障害の重いある子どもは，ボタンを自分で留めることができませんでした。担任の先生は１年間，熱心に取り組みましたが，留めることができるようにはなりませんでした。しかし，先生は１年の最後の個人懇談では保護者に留めることができないことを伝えませんでした。内面の変化を伝えたのです。ボタンは先生が留めていましたが，その手を一生懸命見るようになった，と意識の変化を伝えたのです。保護者はどれほど喜んだかは言うに及ばずです。保護者が筆者に伝えてくれたのは「できないことばかりが気になり，気の重い生活を送っていたが，先生のことばで，見方を変えればすばらしい成長があることを教えられた。わが子が初めて認められたような気がした」ということです。これが，これから我々が求め続けなければならない発達です。発達をこのように考えれば，どんなに障害の重い子どもでも可能性が期待できることになるのです。教師が，行動に視点を当てる教育でなく，内面に視点を当てる教育を日々心がけているとするならば，先の保護者のような訴えはなくなるはずです。

　発達でもう１つ理解しておいてほしいことは，発達の促進の重要性です。学校教育においては，なぜ子どもたちの発達の促進に力を入れなければならないのでしょうか。それは，言うまでもなく，子どもたちに将来，少しでも豊かな充実した人生を送ってほしい，と願っているからです。

では，そのためには，どういう発達の促進が必要なのでしょうか。答えは，バランスよい発達，人間性の発達です。部分的に発達しても人間性が発達しなければ，生活の質，人生の質は向上しません。こうした将来の豊かな働く生活を目指した発達の促進こそが求められている，と理解してほしいと思います。ことばを変えれば，全人発達を目指す教育を推進することが，発達の促進で目指さなければならないことです。全人発達とは，知識，技能に偏ることなく，人間性を調和的，総合的に発達させることを言います。人間性を育てる中で，知識，技能を育てていけば，より質の高い人間性の発達が実現するのではないでしょうか。こうして考えると，内面の育ちが一層重要視されなければならないことが理解できると思います。

(2) 自立する支援

　自立ということばは，特殊教育が始まった頃から，ずっと言い続けられてきました。特別支援教育になった今でも，自立は重要なテーマに位置づけられ，その取り組みが行われています。昔からこの教育に携わってきた筆者にとっては，もはや永遠のテーマになっているのではないかとさえ思います。自立の大切さは誰もが理解し，取り組みも行っているのですが，その成果がなかなかあがらないのが，未だに自立が重要なテーマに位置づけられている理由ではないでしょうか。

　これからの教育の充実，発展を考えると，自立の実現を確かなものにすることは何よりも重要になります。

　では，具体的にどうすればよいのでしょうか。自立の考え方を明確にし，具体的な取り組みに結び付け，評価，検証できる教育活動を推進していくことが必要になります。

　改めて，自立とは何でしょう。これから指導者が目指さなければならない自立とは何でしょう。整理しておきたいと思います。

　自立とは，何でも自分でできることではありません，自立と自活とは違います。自立と自活が同じなら障害のある彼らの自立は難しいことは言うまで

もありません。

　自立について，考え方を新たにしてほしいのは，何でも自分でできる自立を求めるのではなく，支援を受けて自立することを目指すのです。支援を受けながら自分でできる自立を当たり前にしてほしいのです。もっと具体的に言えば，支援を受けて，普通の，当たり前の生活ができるようにしていく必要があるということです。障害が重いから，能力的に弱さをもっているから，この子どもたちは，この子なりの生活をすればよいと考えるのではなく，障害が重くても，能力的に弱さをもっていても，すべての子どもに，普通の，当たり前の生活ができるような支援をしていくのです。支援を受けながら普通の，当たり前の生活ができるようになることが自立なのです。このように考えれば，すべての子どもに自立の可能性があり，自立に向けた取り組みが明確になるはずです。

　問題は，どういう支援をするかです。できないところを支援して普通の，当たり前の生活を実現すればよいかというとそうではありません。支援を受けることが当たり前の意識では自立はできません。自分のことは自分でしなければいけないという意識を育てる支援をしながら，普通の，当たり前の生活を体験させるのです。

　具体的には，どういう支援が必要なのでしょうか。自立は「もっている能力を100％発揮し，他から受ける支援を最小にした状態」を言います。したがって，必要な支援は，「もっている能力を100％発揮する支援」と「他から受ける最小支援」ということになります。これを実践上の支援で考えてみると，「発達段階より少し上の課題に主体的に取り組むことができる支援」と「自らが必要な支援を求める支援」ということになります。子どもが自立できるかどうかは，まさに指導者の支援の在り方にかかっていると言えます。もし，彼らが自立できていないとするならば，それは決して，障害や能力のせいではなく，指導者が適切な支援を行っていないからだと考える必要があります。

　今までの自立のための指導が，なぜ，確立できなかったのでしょうか。筆

者は，自立という目標は設定されていても，それを実現するための実践に結び付けることができていなかったのではないか，と思っています。自立とは何か，自立のために何をどう指導すればよいか，が明確になっていなかった，と言えるのではないでしょうか。自立という目標があるにもかかわらず，指導のレベルにおいては，まったくそれを無視した取り組みが行われていた，と言えば言いすぎでしょうか。とにかく，自立に向けた指導内容，方法を明確にしなければ，評価ができません。評価のない指導からは成果は得られないことは言うまでもないことです。

では，どのようにすればよいでしょう。

筆者は，自立のための指導は，日常生活の指導を中心に行うべきである，と考えています。もっと言えば，基本的生活の自立（基本生活習慣の確立）を目指すのが，自立のための取り組みで最も重要であるということです。これさえ確立できていれば，間違いなく，生活の自立はできるようになる，と言えます。

基本的生活の自立とは，具体的には「基本的生活習慣が主体的に正しく確かにできる」ということです。これを目指した取り組みが必要になります。まず第1点は主体的がポイントです。行動させるのではなく，自らやろうとする意欲を引き出すのです。自分のことは自分でしなければならない，という意識を育てるのです。意識が育たないと自立は難しいと言わざるを得ません。

第2点は，正しく確かにできているかどうかがポイントです。障害が重いから正しく確かにするのは無理だ，という人もいるでしょう。だからと言って，いい加減にすませてよいものではありません。いい加減にしてはいけないという意識を育てなければなりません。先に述べた主体性を引き出し，余分な支援をしない支援を行い，普通の人が，当たり前のようにしている基本的生活習慣を体験させていくのです。こうした体験をし続けることで，基本的生活習慣は正しく確かにしなければいけないという意識を育てていくのです。前向きな意識が育つと，間違いなくできないところは自ら先生に支援を

求めてくるはずです。これが自立です。こうした自立はすべての生活に通用しますから，職業生活の自立も社会生活の自立も可能になるのです。基本的生活が自立できていない子どもに，職業生活の自立や社会生活の自立はありえない，ということをしっかりと認識し，基本的生活の自立を目指してほしいと思います。

(3) 適応する支援

　今までの社会参加のための指導が，どうして適応する支援に変わったのでしょうか。社会参加のための指導と言っても，具体的に何を，どうすることが社会参加につながるのか，その指導過程が明確にされていなかったことが，その理由です。今までは，社会参加の実現という目標を設定しても，それを実現するためにどういう指導が必要かが示されなかったために，社会参加を実現できる子どもが少なかったのです。これからは，すべての子どもの社会参加を実現しなければなりません。そのためにはどうすればよいのでしょうか。

　まず，社会参加とは何か，を考えてみます。

　社会参加とは社会に適応することです。社会にはいろいろな社会があります。社会の最小単位は家庭です。次に学校という社会があります。地域社会があります。職場という社会があります。そして，最終的に社会参加を真に実現したい実社会があります。今までの教育は，どちらかと言えば実社会への社会参加を中心に考えてきました。しかし，これがなかなかに実現できませんでした。どうすれば，彼らが社会参加できるのかという道筋が明確にされていなかったのが原因ではないかと考えられます。社会参加は，子どもにとって，最もふさわしい社会（生活）の中で適応する体験を積み重ねていくことで実現できます。このことが忘れられていたのです。

　家庭という社会に適応（参加）できていない子どもが，学校という社会に適応（参加）できると思いますか。どう考えても無理でしょう。学校という社会に適応できていない子どもが，地域や職場という社会に適応（参加）で

きると思いますか。これも無理でしょう。実社会や職場で適応できるためには，家庭で適応でき，学校で適応できる必要があります。さらには，地域で適応できるようにしなければなりません。こうした最小単位での社会（家庭）への適応から次第に，学校，地域，職場とその幅を広げ，最終的には社会への適応を確実にしていくことを考えなければなりません。社会参加の実現は，こうした過程を経ることで実現できるのです。

ではもう少し具体的に，どういう支援が必要か，を述べてみます。先に社会参加とは社会に適応することだと述べました。適応とは「子どもにとってふさわしい生活の中で主体的に役割，課題を果たしている状態」を言います。家庭に適応できているとは，家庭で家族の一員としての役割，課題を主体的に果たすことができている状態ということになります。能力や障害にかかわりなく，子どもにはそれぞれの生活で果たすべき役割，課題があるはずです。その役割，課題をしっかりと主体的に遂行できるようにすることが，その子にとっての，今，最も重要な社会参加と言えるのです。

学校でも同じことが言えます。学校や学級の一員として，学校や学級で果たさなければいけない役割，課題を主体的に果たすことができているかどうかで，学校生活という社会参加ができているかどうかが決まるのです。中学生となると地域社会への参加という重要な学習へと発展していくわけですが，基本的には家庭や学校と同様，地域社会での役割，課題を主体的に果たすことができるようにすればよいのです。高等部になると職業生活への参加ということになりますが，同じように考えてほしいと思います。

子どもにとって年齢に応じたふさわしい生活の中で，教師の適切な支援によって，段階的に主体的に役割，課題を果たす活動を積み重ねることができたならば，おのずから社会参加ができるとは思いませんか。目標に向けて，一歩一歩確実に前進していく過程を明確にしながら学習を積み重ねていくことが，これからの教育で求められているのです。

適応する支援は，すべての学習において取り組む必要はありません。生活単元学習を中心に考えるとわかりやすいと思います。生活単元学習は，社会

参加を実現する学習だと言ってもいいと思います。生活単元学習は生活の質，集団の質を高める学習です。生活の質，集団の質を高めるためには生活に適応する，集団に適応することが必要です。生活単元学習で設定された生活課題や役割を，子どもたち一人一人が主体的に果たすことが生活への適応であり，集団への適応です。こういう学習を積み重ねるなら，おのずから生活の質，集団の質は高まるのです。とにかく，生活単元学習を通して，生活に適応する，集団に適応する子どもを育てることが，将来の社会参加を間違いなく実現することになるのです。

(4) 貢献する支援

　これからは，就労のための指導を貢献する支援へと変える必要があります。今までの教育では就労の実現のみが強調され，就労のための指導をどのように行うかに視点を当てた取り組みを考えてきました。その結果，就労が実現できた子どももいました。しかし，大半が就労ができないという現実も突きつけられました。障害の軽い，能力の高い，就労の可能性のある子どもが，就労のための指導を受け，障害の重い，能力的に課題のある，就労の可能性の低い子どもは，就労という目標を外され，就労のための指導を受けることもなく学校生活を送ることもありました。果たして，こういう教育でいいのでしょうか。いいはずがありません。教育の目的，ねらい，目指す方向性に能力や障害は関係ありません。みんな同じです。同じであるから教育と言えるのです。すべての人が同じ目標に向かって歩み続ける子どもを，その実現に向けて後押しするのが教育であり，教師の役割です。みんなが同じ教育，同じ指導を受けなければならないと言っているのではありません。同じ目的（就労の実現）に向けて，個々の障害や能力に応じて指導の内容や方法を考えていく教育を推進しなければいけないということが言いたいのです。

　では，具体的にどうすれば，そういう教育，指導が可能なのでしょうか。

　就労のための指導をして就労を実現する取り組みでなく，職場に貢献できる子どもを育てることにより就労を実現していく取り組みが，すべての子ど

もに可能性が追求でき，本来の教育にふさわしい教育が行われることになるのではないでしょうか。就労は，就労できる力をもっているからできるのではなく，貢献できる力をもっているからできるという理解です。就労できる力となるとかなり幅が広く，さまざまな力が要求されますが，貢献できる力はそうではありません。個々それぞれに貢献できる姿があることがわかります。障害の重い子どもで，タオルをていねいに，確実に折りたたむことができるだけで，リネン会社に就職しました。子どもがもっている能力で，職場に貢献できる力を発揮できるようにすればよいのです。それが就労に結び付いたとき，質の高い職業生活が送れるようになるのです。

　貢献できる支援とは，どういう支援をいうのでしょうか。端的に言えば，子どもが貢献できていることを実感できる支援です。黙々と一生懸命に作業ができても，子ども自身が貢献している，と感じなければ意味はありません。でも実際は，子どもにとっては，やらされ感しか残らない作業がたくさんあるのではないでしょうか。

　貢献とは「責任をもって質の高い作業が1人でできている状態」を言います。したがって，作業学習でしなければならないことは，「責任をもって質の高い作業ができている状態」を作ることです。これができていなければ貢献の実感はいつまでたってもできません。具体的には，次のような学習が必要です。

　まずは，責任をもたせる作業課題を設定します。できてもできなくてもいいような作業課題の設定はよくありません。ある子が，先生から「この機械はあなたしか使わない。あなた専用の機械です。休むと作業が進まないし，失敗ができるとみんなに影響する」と言われて以来，真剣に作業をするようになった例があります。一人一人に，結果が見える，結果が他に影響を及ぼす作業課題の設定がポイントだと言えます。要は責任を自覚できる課題や支援が必要だということです。責任が自覚できていれば貢献は，間違いなく実感できます。

　次は，質の高い作業が1人でできる作業課題を設定するということです。

そのためには，子どもにとってどういう作業課題が適切かを判断することが大変重要になります。能力以下の作業課題を設定するのか，能力相応の作業課題を設定するのか，能力以上の作業課題を設定するのか，それは言うまでもなく，子どもが一番貢献を実感しやすいのは能力以上の作業課題で質の高い作業ができたときです。能力以下の作業課題を設定する場合も能力相応の作業課題を設定する場合も，教師にとってはそれほど難しいことではありません。ただ，こうした作業で，責任感と自覚をもたせるのはなかなかに難しいことがわかっているのです。能力以上の作業課題を，どのような補助具や教材等を工夫すれば質の高い作業を1人でこなすことができるかを，指導者は一生懸命に考えるのです。

　作業課題の内容も重要なポイントとなります。

　能力に弱さがあり，障害が重いほど，完成品に近い工程の作業を課すほうが，貢献を実感しやすいです。能力に強さがあり，障害が軽い人は，逆に完成品に遠い工程の作業を課す中で，貢献を実感できるようにすると貢献の質は高くなりますし，働くことの自覚や責任も向上してきます。

　自覚と責任を伴う貢献の実感こそが，職場で通用する生きる力となることを理解しておいてほしいと思います。

　ここで挙げた，貢献する支援は作業学習を中心にして考えればよいと理解しておいてほしいと思います。

　自立する支援は日常生活の指導，適応する支援は生活単元学習，貢献する支援は作業学習と明確に区分して確立を目指すほうがわかりやすく，将来の人生の質を高めるためにも効果的であることを知っておいてほしいと思います。基本的生活で自立でき，さまざまな生活で適応でき，仕事で貢献できれば，豊かな，質の高い人生が送れること間違いなしです。

(5) **4つの支援のまとめ**

　4つの支援を図式化すると，以下のようになります。

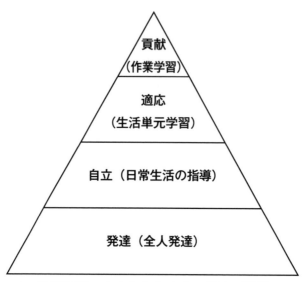

　発達がすべての目標実現の土台となります。発達が促進されてこそ，自立，適応，貢献が実現できると考えなければなりません。子どもの発達を第一に考えながら，自立，適応，貢献をどのように実現していくかが重要なのです。
　支援を中心に言えば，発達する支援ができなければ自立する支援はできないし，適応，貢献する支援も難しい，ということになります。
　学習内容を中心に考えれば，全人発達を目指す指導が行われていなければ，日常生活の指導で自立を実現することは難しいですし，生活単元学習で適応する力を育てることはできません。もちろん，作業学習で貢献できる力を育てることもできません。
　構造図で示した段階的で，積み重ねを重視した取り組みを行うことがキャリア教育を取り入れることであり，将来に生きる子どもを育てる，と理解してほしいと思います。
　筆者が，学校教育で是非，取り入れてほしい，と思っているのが支援の評価と検証です。できれば学期に1回は行ってほしいと思います。下図により，その内容を具体的に説明します。
　中心に示されているのが，学校教育で実現しなければならない4つの目標

（評価・検証の４つの視点）

です。一つ一つの目標について具体的に，１学期の修了時点で，どういう内容のことが実現できたかを書き記します。４つの目標の具体的な内容は，個別の指導計画に示されているのが理想的です。そうであるならば評価は簡単です。後は検証のみになります。実は，重要なのは検証です。検証がなければ，質の高い支援ができませんから，子どもの成長，発達は期待できません。

　例えば，自立の目標として個別の指導計画に「指示も支援も受けずに１人で進んで着替えができる」が書かれており，それが実現できたとします。図の中心には「指示も支援も受けずに１人で進んで着替えができる」と書きます。検証とは，どういう支援が効果的で目標が実現できたかを４つの視点（教師の支援，保護者の支援，周りの支援，本人の努力）で一つ一つ洗い出していくことです。教師のどういう支援がよかったのか，保護者のどういう支援がよかったのか，周りの人のどういう支援がよかったのか，本人のどういう努力がよかったのかを一つ一つ検討し，この図に具体的に書き込みます。できあがった構造図を，みんなで共有するのです。学期末の個人懇談では，保護者にこれを示して説明すればいいのです。きっと理解されるし，保護者もやる気が出てくるはずです。

もし，目標が実現できなかった場合は，なぜ実現できなかったか，どういう支援がよくなかったのかを，実現できた場合と同じように検証すればよいのです。

こうした評価，検証をしっかり行うことができれば，支援の質が向上し，先生方も保護者の方も自信と目標をもって，日々の教育活動に取り組むのではないでしょうか。

4 キャリア教育の理解

キャリア教育は特別支援教育を充実，進化させるために欠かすことのできない重要な教育として位置づけられ，すべての学校でその取り組みが行われています。しかしながら，特別支援教育に，なぜキャリア教育が取り入れられているのかキャリア教育を取り入れると特別支援教育はどう変わらなければならないかについての理解はまだまだあいまいで，あまり成果があげられていないのが現状です。「キャリア教育の重要性は理解できるが，特別支援教育とキャリア教育を実践面でどう結び付けていけばよいかが難しい」，というのが先生方から聞く多くの声です。

ここでは，今一度，キャリア教育のねらいと特別支援教育に求められている視点について説明をしてみたいと思います。

(1) キャリア教育のねらい

① キャリア教育が取り入れられた理由

キャリア教育が最初に示されたのは，1999年の中央教育審議会での答申です。そこには大きく，2つのことがねらいとして挙げられています。

㋐社会人，職業人としての基礎的資質・能力の向上
㋑社会の一員として経験不足の解消と社会人としての意識の向上

最近の子どもは，働く意欲がない，働かなければいけないという意識がない，また，その能力も資質も備わっていないために，働かなければならない

年齢になっても働こうとしない，働き出してもすぐに辞めてしまうなどといったことがよくありました。こうした現状を踏まえ，これからの日本を背負っていかなければならない若者たちに奮起を促すことが，キャリア教育を取り入れた理由だと思われます。

このように，キャリア教育はもともとは，通常の子どもたちを対象に取り入れられたものです。とはいえ，キャリア教育はすべての子どもに必要であることは言うまでもないことです。ところが，特別支援教育の現場では，キャリア教育がクローズアップされたとき，キャリア教育は通常の子どもに必要なことである，という考えが強く，それほど関心を示しませんでした。それもそのはずです。先に挙げた㋐，㋑のねらいは，いずれも特別支援教育が昔から重視し，取り組んできたことだったからです。

㋐については，教育課程の中核に「日常生活の指導」「生活単元学習」「作業学習」を位置づけ，社会人，職業人としての基礎的資質・能力の向上を図ってきました。

㋑については，現場実習という，実際に職場で働く体験を通して，社会の一員として経験不足の解消と社会人としての意識の向上を図ってきました。

もうすでにやってきたことであるし，今も力を入れてやっていることだから必要ない，というのが特別支援教育の関係者の主張でした。

ところが，今では，キャリア教育が特別支援教育に欠かせない教育になっています。なぜ，こうまで変化したのでしょう。確かに㋐も㋑も特別支援教育では力を入れてきました。それはそれで誇れることではありますが，今，問題となっているのは，それがどれだけ成果をあげてきたか，結果を残すことができたか，ということなのです。特別支援教育が進めてきた教育の方向性は間違いないが，果たして指導内容や指導方法は適切であったのか，教育課程も含めて検討し，当初の目的をもっと確実に達成していこうというのが，特別支援教育にキャリア教育が取り入れられた理由なのです。一からキャリア教育を取り入れようというのではなく，キャリア教育の視点でもう一度，特別支援教育を見直し，より一層，充実した，進化した特別支援教育を確立

しようとしているのです。

② 特別支援教育で重視すべきこと

　キャリア教育で重視すべき指導内容については，いくつか示されていますが，次の２点については，これからの特別支援教育で重視し取り組んでいかなければならないことだ，と筆者は考えています。その理由について説明します。

　＊自分を知る＊

　子どもたちの中に，自分の能力，得意を知っている人がどれだけいるでしょうか。自分の能力，得意を生かした生活ができている人がどれだけいるでしょうか。筆者が見るところによると，ほとんどいないような気がするのですが，どうでしょうか。

　自分の能力，得意を知らない人の主体性が果たして，機能するでしょうか。生きる力につながるのでしょうか。我々は自分の能力や得意を知り，それを生かして主体的に行動しようとします。こうした主体的行動を積み重ねながら生きる力を身につけていくのです。自分の能力や得意を知らなかったら，主体的行動は機能しませんし，周りからも評価されません。機能しない行動，周りから評価されない行動は生きる力につながらないことは言うまでもないことです。人は自分を生かした行動がとれるからこそ，生活の質を高めることができますし，人生の質も高めることができるのです。このように自分を知るということは人生を送る上で大変重要なことです。しかし，そのための指導はほとんど行われていないのが実際ではないでしょうか。

　では，具体的にどのような指導を行えばよいでしょうか。効果的な指導法を挙げてみたいと思います。

　まず言えることは，できないことをできるようにする指導では自分を知ることにつながらない，ということです。できないことがいつもできるようになる体験が積み重ねられるのであれば別ですが，障害のある子どもたちはそ

うはいきません。何をやってもできないという自分を知ることになる可能性があります。自分を知るとは，マイナスの自分を知ることではなく，プラスの自分を知るということです。自分のプラス面を知り，それを生かした主体性を引き出すことに意味があるのです。そのためには，できないことをできるようにする指導ではなく，できることをよりできるようにする指導が必要になります。できることを，より強調し，できることにさらに磨きをかけ，できることに自信をもたせるのです。できることに自信をもつと，できないことにも取り組もうとする意欲が生まれてきます。これが，生きる力につながる意欲になるのです。これが，指導者が求めなければいけない主体性です。 自分を知ることで生活が広がり，豊かになることを目指すのです。

　もう1つ大切にしてほしいことは，子どもの能力や得意を生かした成功体験を積み重ねることです。自分の能力や得意を知るためには大変効果的です。たまたまの成功体験ではだめです。いつも成功体験をすることが重要です。自分の能力や得意を生かせば簡単にできる課題では，残念ながら成功体験とは言えません。自分の能力や得意を駆使して課題をクリアした成功体験が重要なのです。こうした成功体験を積み重ねていると，自分の能力や得意を生かして活動しようとするようになります。これがねらいです。自分の能力や得意を知るだけではだめです。生かすことのできる力を身につけなければ，実社会では通用しないのです。通常の子どもであればこんな指導をしなくても身につけることができますが，障害のある子どもには，こうしたことにもきめ細かな指導が必要なのです。

　最後にもう1つつけ加えると，得意を増やす，よさを増やす指導も重要です。得意やよさをもっている子どもであれば，それを生かすことを考えればよいですが，もっていない子どももたくさんいますし，もっていても意識できていない子どももいます。得意やよさは，いっぱいあればよいというものではありません。自分の得意やよさは，これだと自信のもてるものが1つあればいいと思います。この1つを自覚できる指導をしてほしいのです。得意やよさを増やすということは，得意やよさを単に知ることではなく，実際の

生活場面で生かすことができる体験とともに，周りの人からそれを評価される必要があります。子どもはみんな得意やよさをもっています。もっていない子どもはいないと思います。問題はもっていても，それが実際の生活場面で生かされていないことが多いのです。得意やよさをもっていない子どもとは，得意やよさにつながる資質はもっているが，得意やよさを生かしたり，実感したりする体験ができていない子どもである，と考えるべきです。得意やよさをもっていても意識できていない子どもについては，周りの人に認められる体験をする学習を設定する必要があります。

いずれにしても，これからはすべての授業において自分を知る学習を設定する必要があります。情緒が安定し，主体的に，真剣に長時間集中して取り組める学習を設定できるかどうかがポイントです。

＊働くことを含めて生きることの意味を知る＊

当たり前のことですが，職場で働くとき，働くことの意味，生きることの意味，すなわち働くことと生活がどうつながっているのかがわからなければ職場で貢献することはできません。

せっかく就労したのに，就労維持ができない子どもがたくさんいます。ある子どもは，仕事はよくでき，会社から「是非来てほしい」と請われて就職が決まりました。先生方も将来を期待しての出発でしたが，1年の持続ができませんでした。最初のうちは黙々とよく働き，評判もよかったのですが，半年が経った頃から，作業量が落ち始め，仕事中によそ見をしたり，手を休めたりするようになり，たびたび職場の人から注意も受けるようになりました。教師も職場訪問をし，指導を行ったのですが効果はなく，結局退職することになりました。原因を調べた先生からは「最初のうちは新鮮さもあってよく働いていたが，次第にしんどさだけが残るようになり，やる気をなくしていった。働くことの意味が理解できていなかった。働くことと生活することの関連性が理解できていなかったため，しんどさだけが残ったと思われる。もっと働く楽しさ，喜びを実感させる必要があった」という話がありました

が，まさに今の教育で最も欠けているところではないか，と思いました。

　どちらかと言えば，子どもたちは学校での作業学習では，働かされていることが多いのではないでしょうか。それでも学校では友達もいるし，先生がやさしく教えてもくれますので，嫌な思いをすることは少なく，楽しいかもしれません。しかし，職場となると状況は一変します。友達はいないし，仕事に向き合う姿勢は，学校とは違い一段と厳しさも要求されます。子どもが働かされていると感じる日々であるとするならば，耐えられなくなるのも無理はありません。職場で働くとは，自ら働くということです。働かされるのではなく，目的をもって自ら働く気持ちがあることが必要です。そうであってこそ，前向きに働き，働く喜び，楽しみも感じるようになるのです。

　そういう意味では，学校の作業学習においては，もっと，働かされるよりも自ら働くことができるような学習設定をする必要があります。学校では，働くことの意味を，先生がことばで説明したりしますが，働くことの意味は教えるものではありません。自分で知ってこそ意味があるのです。それほど難しいことではありません。役割を果たす，貢献する体験ができる学習を行えさえすれば，子ども自身が獲得できるはずです。

(2) キャリア教育が特別支援教育に求めていること

　キャリア教育を進めてきた特別支援教育に，キャリア教育を取り入れるということはどういうことでしょうか。何が特別支援教育に求められているのでしょうか。下図により，今一度まとめてみたいと思います。

　キャリア教育は「児童生徒一人一人の勤労観・職業観を育てる教育」と定義づけられています。具体的にどういうことかが，なかなかにわかりにくい，という声を聞きます。わかりやすく言い換えれば「生きる力，働く力を育てる教育」ということになります。これは特別支援教育が進めてきた教育そのものです。だったらキャリア教育を取り入れる必要はない，ということになります。確かにその通りです。しかし，今，特別支援教育で問題となっているのは，今まで生きる力，働く力を育てる教育を進めてきたが本当に生きる

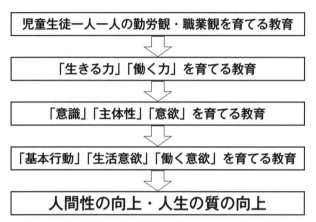

力, 働く力が育ったか, ということなのです。実際は育っていなかったのではないか, というのがキャリア教育を特別支援教育に取り入れる重要な視点です。

　なぜ, 生きる力・働く力が育たなかったのか, その原因を調べてみると, できることは多くなっているし, スキルも向上しているが, 意識, 主体性, 意欲が育っていないために, それらが機能せず, 生きる力, 働く力になりえていないことがわかったのです。特別支援教育におけるキャリア教育は生きる力, 働く力を育てるための教育を一から始めようとするのではなく, 今まで進めてきた教育の中で, よさはよさとして認識しつつ, 問題となっている意識, 主体性, 意欲に焦点を当てて教育をしていこうというのが, 特別支援教育で取り入れなければならないキャリア教育なのです。

　では, 具体的にどういう教育が求められているかというと, 3つのキーワード, すなわち「基本行動」「生活意欲」「働く意欲」を育てることです。3つのうちでも, 最終的には働く意欲を高めることが目標となります。働く意欲を高めるためには生活意欲がなければなりませんし, 生活意欲を高めるためには基本行動の確立（日常生活の自立）が欠かせません。基本行動, 生活

意欲が育っていなければ働く意欲は育たない，という考え方です。発達的視点に立って考えると，この3つは密接に関連性があり教育の柱に位置づけ取り組んでいくことが必要です。特別支援教育においては，キャリア教育とは「基本行動」「生活意欲」「働く意欲」を育てる教育と考えることができます。できることやスキルではなく，これが育っていればキャリア教育が目指す人間性の向上や人生の質の向上は達成できるのです。

　キャリア教育ということばに振り回されることなく，今まで我々が進めてきた教育に自信と誇りをもって，さらに充実，発展させるためにキャリア教育の何を取り入れたらよいのかを理解し，これからの教育を進めていってほしいと思います。

5 教育課程の見直し

　キャリア教育を取り入れると，教育課程も見直す必要があります。教育課程編成の基本的な考え方は変わりませんが，教育目標が目指す方向性と学校教育12年間の連続的，一貫的な取り組みを実現するための指導内容については，考え直さなければならないことがあります。では，具体的にどうすればよいのでしょうか。

(1) 教育課程の全体像

　筆者が考えた，教育課程の基本構造図を次に示し，説明をしたいと思います。

　先にも述べた通り，教育目標で目指すべきことは自立，社会参加，就労の実現ではなく，人生の質の向上です。より豊かな人生を送るための教育を目指すのです。そのキーワードとなるのが，存在価値・社会的役割・コミュニケーション力の向上です。

　では，人生の質を向上させるためには，具体的に何が必要なのでしょうか。「生きる力（生活意欲）」「働く力（働く意欲）」「全人発達（人間性の向上）」の3点を目標とした教育を行う必要があります。ことばを変えれば，「実生

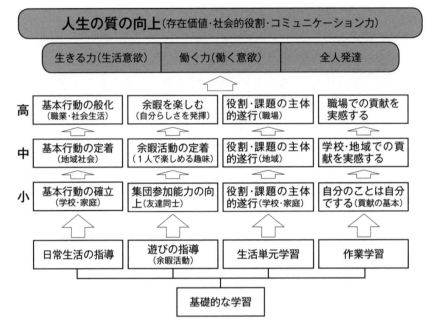

活で通用する生きる力」「職場で通用する働く力」「人に認められ，感謝される生き方」ということになります。「人間性が調和的，総合的に発達し，意欲的に生活し，意欲的に働くことができる人づくり」を目指すのです。これが，これから目指さなければならない教育になります。

　生きる力，働く力，全人発達を実現するために，具体的にどういう指導が必要かというと，「基本行動の般化」「余暇の利用」「役割・課題の主体的遂行」「職場での貢献の実感」の４つです。これからは，学校教育12年間で，この４つの力を身につけるための教育課程の編成を考えなければなりません。

　具体的には，教育課程の４本柱は変える必要はありません。４本柱の内容を，４つの力を身につけることに焦点化し，学校教育12年間の指導の中に連続性，一貫性を重視して組み入れ，確実に実現できるように考えてほしいのです。

　４本柱とともに教科学習を取り入れて教育課程を編成している学校，また教科学習だけで教育課程を編成している学校があります。これについても本

当に教科学習が生きる力や働く力を育てることになっているか，という点から見直す必要があります。

　4本柱が，この教育になぜ取り入れられたかを考えてみてください。この教育では，当初は教科学習中心の教育課程を編成していました。障害があっても，教科学習はすべきである，教科は学校教育でしか保障できない，という考えからです。しかし実際は，いくら熱心に指導しても，知的障害の特性を考えると，生きる力にはなかなか結び付かないことがわかり，4本柱の教育が生まれたのです。

　では，教科学習はまったく必要ないかというと必ずしもそうとは言えません。4本柱は土台でありますが，4本柱を効果的で質の高い学習にしていくためには，教科的内容も取り入れる必要があります。位置づけとしては，先の図に基礎的な学習として示しています。

　実際に生きる力を身につけるための教科的学習を取り入れ，成果をあげている学校を紹介します。

　京都府立宇治支援学校では，教科学習に替わるものとして，「基礎的な学習の時間」を設定しています。これは他校でも教科的な内容を個々の能力に応じて学習する場として取り上げているところもありますが，ここでは領域・教科等を合わせた指導として位置づけています。違いは基礎的，基本的な各教科等の内容を直接指導するのではなく，具体的な課題を解決する体験を通して学ぶ学習になっているところです。日常生活の指導，遊びの指導，生活単元学習，作業学習と同等の位置づけになっているのは，「基礎的な学習の時間」が子どもたちの生きる力を育む上で欠かすことができない，ととらえているからです。

　具体的な内容は，基礎的・基本的な学力，基礎的・基本的な体力，基礎的・基本的な人間性などです。基礎的・基本的な学力は，自分で考え，判断し，見通しをもって課題を解決する力を育てることを目指しています。基礎的・基本的な体力は，健康で活動的な子どもを育てることを目指しています。基礎的・基本的な人間性は，協調性とか思いやりの心を育てることを目指し

ています。この３つが育てられたら，確かな生きる力が育てられる，と考えているのです。これが教科学習でなく，領域・教科等を合わせた指導に位置づけられている理由です。

　「基礎的な学習の時間」が機能すれば，子どもたちの生活の質は，間違いなく，今まで以上に高くなると考えています。他の領域・教科等を合わせた指導と同等の位置づけといっても，決して単独での学習を発展させようとしているのではありません。他の領域・教科等を合わせた指導と密接に関連させた指導を行うことで，「基礎的な学習の時間」の学習の意義，目的を明確にし，授業の質を高めると同時に，より質の高い生きる力を身につけようとしているのです。「基礎的な学習の時間」を単に基礎学力向上のために必要だから取り入れているのではなく，４本柱を，より充実，発展するためにはどうしても必要なことであるという必然性に基づいて位置づけられているのです。構造図の「基礎的な学習」と同じ位置づけになっていると考えていいと思います。参考になる教育課程だと思います。

　次に，キャリア教育を取り入れると４本柱の指導目標はどのように変わらなければならないか，について述べてみます。４つの指導形態は，いずれも12年間の指導の積み重ねにより教育目標を達成していくことを考えなければなりません。これがキャリア発達を大切にした指導であり，最も見直さなければならないところです。

(2) 教育課程の４本柱の指導目標

① 日常生活の指導

　日常生活の指導は，基本行動の般化を目指した取り組みになります。職場や社会で通用する基本行動を身につけるのです。

　小学部では，学校生活と家庭生活での基本行動の確立を目指します。学校生活，家庭生活では，友達や先生や家族に受け入れられる行動を身につけま

す。小学部では，地域社会での基本行動はあまり考える必要はありません。学校生活，家庭生活に焦点を当てて確立を目指します。学校生活や家庭生活では，まだ基本行動が確立できていないのに，地域社会での基本行動を身につけようと取り組んでいることがありますが，指導の段階はしっかり踏んでほしいと思います。

　中学部では，小学部で身につけた基本行動を地域社会で定着させる取り組みを行います。中学部では確立のための指導をするのではなく，般化に向けた指導になります。小学部で基本行動が確立できていない子どもは，地域社会での定着には無理があります。そういう意味においても，基本行動は小学部での指導が将来を決める重要な指導となります。

　高等部は，職業生活，社会生活に焦点を当て，職業人，社会人として受け入れられる基本行動の般化を目指します。

　基本行動は能力や障害に関係なく，身につけなければいけない，また身につけることができる力である，と理解して取り組む必要があります。例えば，あいさつをするとか，返事をするとか，食事マナーや清潔の習慣，あるいはよいことと悪いことの判断ができる，などは当たり前に身につけておかなければ集団でのよりよい生活は望めません。人が生きるということは，集団の中で生きるということです。人間本来の生き方を確かなものにするためにも，基本行動は非常に重要です。

　ことばをもたない高等部3年生の自閉症の子どもは，「おはよう」と声をかけると，筆者のほうをさっと向き，帽子を取ってゆっくりと頭を下げることができます。ことばはひと言も発しませんが，とてもていねいさが伝わってくるあいさつができるのです。母親に聞いてみると，「社会生活を送る上で，あいさつは欠かせない。あいさつを通して人とのコミュニケーションが始まると思っているので，小さいときからしっかりと教えてきた。ことばがないし，こちらからは働きかけることはまだ難しいが，あいさつのおかげで，周りの人から声をかけられることが多くなった」という返事が返ってきました。この子は就職も実現しました。職場でも，あいさつは高く評価されてい

ます。

　これはあいさつの例ですが，これが，すべての基本行動において通用する基本理解と考えてほしいと思います。子どもたちがもっている能力でできるやり方で，人としての基本行動を身につければよいのです。

②　遊びの指導

　遊びの指導は中学部，高等部にはないですが，最終的にねらわなければならないことは，自分らしさを発揮して余暇を楽しむことができるようにすることです。高等部卒業時点では身につけておきたい力です。自分らしさを発揮して余暇を楽しむことができる子どもとそうでない子どもとでは，明らかに，生活意欲，働く意欲が違います。余暇を楽しめることができるからこそ，生活意欲が高まり，働く意欲が高まるのです。人生の質の向上に欠かすことができないことなのです。

　では，目標を達成するために，小学部からのどういう段階的な指導が必要でしょうか。

　まず小学部では，友達とのかかわりを重視し，集団参加能力の向上を図る必要があります。友達にかかわり，集団の中にいることが楽しいと感じる遊びを体験することが重要です。できれば，個々で楽しむよりも，集団の中で楽しめる活動を多く設定したいものです。

　京都府立宇治支援学校で，小学部2年生の新聞を使った遊びの授業を見ました。部屋いっぱいにちぎった新聞紙があり，それを使ってさまざまな遊びが用意されているのです。傘をさかさまにして，細かくちぎった紙を入れて回すと紙がきれいに舞う遊び，送風機で紙を勢いよく飛ばす遊び，新聞紙をつなぎ合わせたバルーン遊び，新聞紙を吊り下げて引っ張る遊びなどなど，子どもが興味を示しそうな遊びが教室いっぱいに準備されているのです。先生方は遊び方を教えたりしませんし，指示もしません。自身が準備した遊びに，思い切り興じています。それを見た子どもたちは次々と，自分から興味のある遊びに入っていくのです。みんなが遊びを楽しんでいるという雰囲気

がありました。遊ばされる学習でなく，自ら遊びを楽しむ学習をしていると感じました。こうした遊びは見ている人をも楽しくさせます。

　感心したのは後片づけです。遊びが終わった後は，教室中，新聞紙が散乱しています。先生が「後片づけをしましょう」と言うと，子どもたちは一斉に，自分たちが段ボールで作ったごみ集めブルドーザーで新聞紙を１か所に集めていくのです。集められた新聞紙は，これも自分たちで段ボールで作った好きなキャラクター入りのごみ箱に，みんなでどんどん入れていくのです。遊びから後片づけまで，子どもたちが生き生きと活動する姿を見て，とてもいい授業だと思いました。こういう遊びこそ，小学部で経験しなければならない遊びなのです。

　中学部では，集団での遊びは継続しつつ，次には１人で楽しめる趣味をもたせる活動を行います。指導者が見つけてあげたり，趣味にするための指導をしたりすることが必要であることは言うまでもありません。中学生ともなると１人で楽しめるものがあるとないとでは，情緒の安定度が随分違ってきます。趣味は何でもいいと思います。子どもがすることもなく，１人でじっとしていることがないように，楽しめる趣味をもたせるのです。音楽を聴くのもいいと思います。調理をするのもいいと思います。とにかく，子どもがリラックスできる，安定できる活動がポイントです。

　自分らしさを発揮して余暇を楽しむことができるようにするためには，集団の中で楽しめる活動と１人で楽しめる活動の両方をもっていることが条件になります。この２つを小学部，中学部のうちにしっかりと身につけておけば，高等部では自分らしさを発揮して余暇を楽しむことができるようになるのです。

③　生活単元学習

　生活単元学習では，子どもにとってふさわしい生活の場で，役割，課題を主体的に遂行する力を身につけることが目標となります。我々の生活が，役割，課題を主体的に遂行することで成り立っていることを考えれば，重視し

なければならないのは言うまでもないことです。生活に適応することを目指すのです。

　小学部の子どもであれば，家庭生活や学校生活で果たさなければならない役割，課題が主体的に遂行できるような生活単元学習を設定する必要があります。家庭生活においては，任せても１人で遂行できる役割，課題を増やすことが大切です。役割，課題の内容は，子どもの生活の質を高めることを念頭に置いて設定する必要があります。買い物とか食事作りの手伝いとか，掃除など家庭生活において重要な生活の一部の役割，課題を担わせるのです。学校生活においては，子どもにとってまとまりのある生活を中心とした生活単元学習を設定し，役割，課題を主体的に果たすことができるようにすることが重要になります。生活単元学習が終われば，そこで学習した生活が日々の生活で生かされるようにしなければ意味がありません。

　中学部になれば，地域生活を重視した生活単元学習を設定すべきです。家庭生活や学校生活で身につけた生活する力を地域で生かす学習をするのです。地域生活の重要性を学ぶ生活単元学習を設定するのです。

　秋田県立栗田養護学校で，「幼稚園の子どもたちに，マジックをしてあげよう」という中学部の生活単元学習の授業を見ました。自分たちで手作りしたマジックを幼稚園児に披露したところ，園児たちが大喜びし，大うけしたので，今度は，少し大がかりなマジックをしようと，段ボールを使って小道具を作る授業でした。また，喜んでもらいたい，というはっきりした目的がありますから，子どもたちの活動も主体的で，次々と役割，課題を果たすことができていました。障害の重い子どももいたのですが，みんなが目的に向かって１つになって取り組んでいる，大変いい授業でした。このように，学校以外の地域の人たちと積極的にかかわる生産的な学習こそが，中学部でやらなければならない生活単元学習です。

　高等部になると，職業生活（働く生活）で果たすべき役割，課題に絞って，生活単元学習を設定すべきです。学校卒業後は，就職する子どももそうでない子どもも，働くことが生活の大半を占めます。卒業後の長い人生において，

働く生活が充実することが人生の質を高めます。そういう意味では，高等部においては職業人，社会人としての役割，課題を主体的に遂行できる生活単元学習を考えるべきです。時に高等部の生活単元学習を見ていると，内容的に小学部や中学部と大差ない学習をしていることがあります。こういう学習だけは，してほしくないと思います。たとえ障害が重くても，年齢に応じた働く生活を中心とした生活単元学習を行うべきです。

④ 作業学習

　作業学習は，職場で貢献することが実感できる子どもを育てることを目指します。人はみんな，職場では貢献することを積み重ねることで存在価値を高めていきます。これは障害があっても同じことです。働くということは，貢献することだということを認知できるような作業学習をするのです。そのためには，学校教育12年間をどのように考えた作業学習が必要なのでしょうか。

　小学部で作業学習を取り入れているところはありません。では，小学部は作業学習に関して何もしなくてよいかというと，そうではありません。中学部の作業学習に向けて，どうしてもしなければならない小学部での指導があります。それは，「自分のことは自分でする」指導です。これが，小学部の作業学習だと考えてほしいと思います。「自分のことは自分でする」のが貢献の基本です。「自分のことは自分でする」ことが身についている子どもであってこそ，作業学習での貢献が実感できるのです。何度も述べますが，できなくてもいいのです。自分のことは自分でしなければいけないという意識が育つことが重要です。自分のことは自分でできる子どもでも，自分でやろうとする意識が育っていないと，貢献を実感できるようにはなりません。しかし，自分のことは自分でできなくても，自分でやろうという意識が育っている子どもは貢献が実感できるのです。自分のことが自分でできなくても，意識が育っていれば，中学部に入ったときの作業学習への取り組みがスムーズにいきます。こういう子どもであれば，子どもが1人でできる作業課題さ

え設定すれば意欲的に作業ができますから，おのずと貢献が実感できるのです。意識が基本ですが，目指すは，意識して自分のことは自分でできる子どもを育てることです。

　ただし，小学部の6年生になると，自分のことは自分でするだけでなく，働く体験を通して，貢献することの喜びを実感させる必要があります。例えば，中学部や高等部の作業学習に参加し，実際に働いてみる体験学習を取り入れると効果的です。中学部や高等部の子どもが現場実習に出るように，小学部の6年生は校内の作業学習で実習を体験すればよいのです。

　中学部では，学校や地域で貢献を実感する作業学習を行います。貢献の基本を学ぶ体験を重視するのです。中学部の作業学習を見学すると，自分のしている作業がどのような製品になるのかもわからないまま，与えられた作業をさせられていることがあります。はっきり言って，これでは貢献は実感できません。子どもは，よそ見をしたり，休んだり，作業が持続できず，先生に，指示されたり，注意されたりしながら作業をすることになります。

　ある学校の中学部の作業学習では，6名の子どもみんなに，同じ製品を完成品まで作らせていました。個々により能力が違いますので，個々に応じた補助具や教具が用意され，どの子も質の高い完成品ができるように配慮がなされていました。障害の重い子どもも何人かいましたが，みんな作業に真剣に取り組んでいました。製品ができたときに，ある子が「できた！」と思わず漏らしましたが，そのことばと表情からは，「作るのは大変だったけど，やっとできあがった。よかった」という気持ちがあふれ，充実感が漂っていました。先生も「よく頑張ったね。なかなかりっぱな製品です。きっと買ってくれるよ」とねぎらっていました。子どもはにっこりしていましたが，貢献が実感できた瞬間だったのではないかと思いました。中学部ではこうした，自分がしたことが目に見え，自ら貢献が実感できる作業学習を行ってほしいのです。

　地域での貢献については，公園を清掃するとか，公園に花を植えるなど，地域へ出かけての作業はいろいろ考えられます。こうした体験も中学部段階

では積極的に取り入れると，貢献することの大切さ，喜びが生まれるものと思われます。

　高等部は，職場での貢献を実感する作業を目指します。学校での作業学習を行うときも，職場での貢献を想定した作業学習を行う必要があります。これが高等部の作業学習の最大のポイントです。職場で働いて貢献するとはどういうことか，作業学習を通して理解できるようにするのです。現場実習で理解するのではなく，作業学習で理解できるようにするのです。現場実習には理解できた子どもを出すのが理想です。

　では，具体的にどうすればよいのでしょうか。目標としなければならないことはただの1点，「1人で，集中して質の高い作業をし，結果を出す体験を積み重ねること」です。この目標が達成できれば，職場で働くことの意味も理解できるし，貢献をして存在感を示すこともできると思います。

　作業学習においては，すべての子どもがこの目標を自ら達成できるようにすることが重要です。

　高等部では，「1人で，集中して質の高い作業をし，結果を出すこと」を意識して作業ができる子どもを育ててほしいと思います。

第2章 キャリア教育の視点を取り入れると「日常生活の指導」はどう変わるべきか

　キャリア教育の視点を取り入れると，今までの「日常生活の指導」はどのように変わらなければならないのでしょうか。これについては，第1章でも述べましたが，ひと言で言えば，日常生活の自立を実現する取り組みを行わなければならない，ということになります。「今までも取り組んできたことである。今さら強調することもないのではないか」と言われる人がたくさんいます。しかし，逆に「では，どれだけ自立的な生活のできている子どもが育っていますか」と問いかけると，自立を目指して取り組んできたが，実際は，その効果が出ていないことに気づきます。これからの「日常生活の指導」は自立を目指すことが目標でなく，自立を実現することが目標になります。

　筆者が，今までの「日常生活の指導」で特に問題視しているのは，次の3点です。
- 自立ができなかった原因はどこにあるのか
- 自立が実現できる適切な取り組みが行われていたのか
- 日常生活の指導の重要性は明確にされていたのか

本章では今までの「日常生活の指導」の問題点を明らかにするとともに，確実に自立を実現するためにどういう取り組みが必要か，具体的に説明をしてみたいと思います。

　この章で理解しておいてほしいことをまとめると，次のようになります。

・「日常生活の指導」は日常生活を体験する学習ではない

・しつける学習ではなく，学ぶ学習である

・日常生活の自立を実現する学習である

・自立には内面の自立と行動の自立がある

・自立は行動よりも内面の育ちが重要である

- 内面の自立は「自分のことは自分でしなければならない」という意識を育てることである
- 行動の自立は「実社会で通用する，正しい確かな行動を身につける」ことである
- 最終的に目指すのは「意識して，自分のことは自分でする正しい確かな行動」である
- これが身についていないと，地域生活や職業生活への適応は難しい

1 今までの「日常生活の指導」とこれからの「日常生活の指導」

　この教育に，「日常生活の指導」がどうして取り入れられたのでしょうか。この教育が始まった当初の特殊学級では，「日常生活の指導」は教育課程に位置づけられていませんでした。障害が軽度の子どもたちが多かったこともあって，日常生活に関する指導は家庭で行うものであるという考え方が一般的でした。それが，障害の重い子どもが特殊学級に入ってくるようになって，変わらざるを得なくなりました。家庭で，しつけたり，習慣化させるだけの対応では，特に障害の重い子どもたちには効果はなく，発達が退行する例が多く見られたからです。学校での専門的な教育の必要性が出てきたのです。障害特性や発達特性に応じた適切な指導をしなければ，しつけや習慣化による対応では，この子どもたちが日常生活をスムーズに送ることは難しいことがわかってきたのです。

　そこで，教育課程の中核の1つとして「日常生活の指導」が位置づけられ，教育的配慮のもと，日常生活に必要なさまざまな内容について，学校と家庭が連携し合った指導が始まったのです。

　これが「日常生活の指導」が取り入れられた経緯の概略です。

　では，キャリア教育を取り入れると，今までの「日常生活の指導」は何が問題で，これからの「日常生活の指導」はどうあらねばならないのでしょうか。以下に説明をします。

＊意識を育てる＊

　今までの「日常生活の指導」により，指導の成果が出て，学校や家庭においてはスムーズに日常生活を送れるようになった子どもも多くいました。しかし，その一方で，学校でも，家庭でも日常生活では問題はないのに，地域や職場や社会に出ると，それが生かされない，という課題が浮かび上がってきました。せっかく身についた行動が般化しないということです。これでは，一体，学校での指導は何だったかということになります。自立とは，学校や家庭でできることではありません。地域や職場や社会で通用する力を身につけていることが重要なポイントとなります。そうでなければ生活の質は向上しませんし，人生の質の向上も望めません。自立の目指す方向性は，今が重要なのではなく将来です。今できることが重要なのではなく，将来に通用することが重要なのです。

　では，何が原因で将来に通用しなかったのでしょう。端的に言えば，行動を身につける，行動を変えることに一生懸命になりすぎた結果，「やらなければいけない」あるいは，「やろうとする」意識が育てられなかったことが何よりも問題だったのです。行動は意識が育っていなければ般化しませんし，将来には通用しません。行動は身についていなくても意識が育っているために，職場や社会で不自由なく生活ができている子どもがいます。意識が育っていれば，行動ができなくても，積極的に支援を受けながら生活することができるからです。行動は般化しないことは多いですが，意識は間違いなく般化します。行動を優先する指導ではなく，意識を優先する指導が，将来に生きる力を身につけるのです。行動は能力や障害により身についたり，つかなかったりしますが，意識はそうではありません。すべての子どもに可能性があります。意識がいかに重要であるかがわかると思います。

　意識を伴う行動変容を目指すのが，これからの日常生活の指導だと考えてほしいと思います。行動を行動レベルでとらえるのではなく，意識レベルでとらえてほしいのです。

　日常生活の指導は行動を育てる学習ではなく，「自分のことは自分でしな

ければならない」という意識を育てる学習であると理解しておく必要があります。「自分のことは自分でしなければならない」という意識が育っていない子どもが主体的、目的的な行動をとれることはないのです。

＊周りに受け入れられる行動を身につける＊

いくらできる行動が身についても、その行動が周りの人に受け入れられないならば、行動を身につける意味はありません。我々が求める行動は、できないことができるようになる行動ではなく、できなくても周りに受け入れられる行動です。最も周りに受け入れられないのは、できる行動であるのにやろうとしない子どもです。意外に受け入れられるのは、行動はできないのにやろうと努力する子どもです。周りに受け入れられるか、受け入れられないかは意識の育ちにより決まると言えます。先にも述べた意識を大切にした行動を身につけることが、いかに重要であるかがわかります。

指導者がすべき指導は、発達段階から言って明らかにできる行動は確実に定着させ、自信をもたせることと、できない行動は自立的支援をして自分でできたという成功体験をさせ、意識を育てることです。自分の能力に応じて、できることは進んでし、できないことは支援を受けてでもやろうとする姿勢があれば生活は成り立ちます。こういう子どもには、誰もが共感できます。障害をもっている子どもたちですから、できることだけを求め続けると限界があります。その限界を超えるのは、やはり意識とやる気です。できることに視点を当てた共感は支援につながることが少ないですが、意識への視点は、間違いなく多くの人の共感を得ることができます。障害をもっている人が人として生きるために必要なのはできることを増やすのではなく、意識を高めることなのです。共感を得る行動こそが周りの人に受け入れられる、ということを忘れないでほしいと思います。

周りの人を不快な思いにさせないことが日常生活の自立の基本目標であり、生きる力の土台となることを理解しておく必要があります。

＊生きる力を身につける＊

　この教育では，生きる力を身につけることは欠かすことのできない目標です。生きる力を身につけるために取り入れられたのが，領域・教科等を合わせた指導の「日常生活の指導」であり，「生活単元学習」であり，「作業学習」なのです。しかし，どうもこれらの学習が生きる力を高めるための学習になっていないのではないかという声があります。「日常生活の指導」で基本行動が身につけば，生活単元学習で主体的に生活課題をこなすことができますし，作業学習で意欲的に働くこともできるようになるのですが，残念ながら，将来につながる生きる力の土台である「日常生活の指導」が適切に行われていないために，生活単元学習や作業学習でいくら生きる力を高める指導をしてもなかなかに結果が出ないのが，今の教育の現状です。

　下図に「日常生活の指導」の重要性を示しています。「日常生活の指導」が土台となって教育が成り立っていることを理解してほしいと思います。

「日常生活の指導」の重要性

（基本行動の確立）	自分のことは自分でしなければいけない	（意識）
	⇓	
（集団への適応）	主体的に役割・課題を果たす	（生活意欲）
	⇓	
（貢献の実感）	責任感と自覚をもって質の高い作業をする	（働く意欲）

　「日常生活の指導」は，自分のことは自分でしなければいけないという意識を育てながら，日常生活を送る上で，最低限必要な基本行動を身につけることを目的とした学習です。自分のことは自分でしなければいけないという意識が育っていれば，生活単元学習の目的である，主体的に生活課題・役割を果たす力を育て，集団への適応力を高めることができます。言い換えれば，自分のことは自分でしなければいけないという意識が育っていなければ，主体的に生活課題・役割を果たす力を育てることは難しいということになり

ます。子どもは，主体的に生活課題・役割を果たす力を身につけることで生活意欲を高めていきます。作業学習の目的は働く力を身につけることです。働く力とは，責任感と自覚をもって質の高い作業をする力のことです。主体的に生活課題・役割を果たす力を身につけていないと，これは身につくものではないことは，子どもたちの実態を思い浮かべてみれば容易に理解できるはずです。作業学習で，責任感と自覚をもって質の高い作業ができると，貢献していることが実感でき，働く意欲が育ってきます。こうした子どもが職業生活や社会生活を送ると人生の質を高めていくことができるのです。

　このように，その子の年齢に合わせて，その時に身につけなければいけない課題を遂行しながら，将来に向けてキャリアを積み重ねていく過程がキャリア発達であり，これから，指導者が目指さなければならないキャリア教育です。今まではできることを積み重ねることで，将来に生きる力を育てることをしてきましたが，これからは内面の変化の質を高めることで将来に生きる力を育てなければならないのです。

　当たり前のことですが，内面が育たなければ人間性は育ちません。人間性が育たなければ人生の質は向上しません。内面の育ちの基本は「日常生活の指導」にあることを指導者はしっかりと意識，理解して「日常生活の指導」にあたる必要があります。

2 意識して行動できる「日常生活の指導」とは

　これからの「日常生活の指導」は，意識が重要であることについてずっと述べてきました。意識して行動できるとは，具体的にどういうことでしょうか。着替えを例にとれば，「着替えなさい」と言えば着替えができることではありません。「着替えなさい」と言わなくても，着替えが必要なときは自ら着替えを始めるということです。

　では，具体的にどういう取り組みをすれば，そういう意識を伴う行動が育つのでしょうか，述べてみたいと思います。

(1) 指示は必要か

　学校での「日常生活の指導」を見ていると，先生方は本当によく指示を出します。子どももそれに慣れてしまっているのか，指示がなければ動きません。動かないから，だんだん先生の指示の声も大きくなります。それでも動かなければ，手を引いて連れていったりなどの身体的な働きかけをし，行動させようとします。朝の着替えなどは大体こんな指導が多いようです。これで意識が育つのでしょうか。指示されればやればよいというマイナスの意識は育つでしょう。マイナスの意識は退行を意味しますから，よいわけがありません。ここで言っている意識はプラスの意識です。

　知的障害の人たちの特性を考えてみてください。知的障害の人は思考したり，判断したりすることが苦手です。できれば考えなくてよい，判断しなくてよい行動を求められたほうが楽でいいと思っています。でも，それでは発達はしていきません。教師にとっても，指示を出して行動させるほうが，何の工夫も，特別な指導もいりませんから楽です。お互いが楽を求めたのでは，教育は成立しません。教育は教師と子どもが，お互いに必要な課題をクリアするための努力を積み重ねて，初めて成立するものです。教師も子どもも，プラスの意識を向上させてこそ教育の教育らしさが出てきます。教師は，指示をしなくても子どもは自ら着替えを始めるようにするにはどうすればよいかを一生懸命考え，工夫をすればよいのです。それが教師の意識の向上につながります。一方，子どもは，指示や支援を受けずに，自分のことは自分でやらなければいけないという意識を高めていくのです。両者の意識の高まりが，教育の質を向上させるのです。

　筆者は，教育は教師と子どもがともに発達していく営みだと考えています。教師が発達するためには，できるだけ指示をしないやり方を考えるほうがいいですし，子どもが発達するためには，指示を受けないほうがいいのです。

(2) ことばでの指示の効果を確認

　先生方は，子どもたちに，よくことばでの指示を出しますが，そのことば

を子どもたちがどれだけ理解しているかを，一度確かめてほしいと思います。

　ある先生が，子ども（小学部2年生）に「着替えなさい」という指示を出したら，子どもはその場で服を脱ぎ始めました。先生の「着替えなさい」の指示の意図は，体操服の入ったかごを取りにいって，それを着替え室に持ってきて着替えるということでしたが，子どもはまったくその意図が理解できていませんでした。でも，子どもの行動が間違っているかというと必ずしもそうではありません。先生の意図とは違っていますが，ある意味，ことばによる指示通りには行動をしています。要は，ことばを発する側の意図とそれを受け取る側の理解にギャップが生じている，ということです。

　先生はすぐに行動を制止し，「かごを持ってくるんでしょう」と指示を出しました。その後も次々指示を出し続けたことは言うまでもありません。先生は「この子は何もわかっていない」と子どもの行動に不満のようでしたが，本当に子どもが悪いのでしょうか。そうでないことは言うに及ばずです。先生が子どものことばの理解力をしっかりと把握できていれば，指示の出し方も変わった，と思われます。

　こういう例もありました。給食を終えた子どもたち（小学部1年生）を前に，先生が「ごちそうさまをします」と指示を出しました。ある1人の子どもはまだ食べていました。ところが先生はそれを無視して「手を合わせてください」と言いました。すると，みんな合わせました。食べていた子どもは，箸を持ったまま手を合わせていました。先生は何も言わずに「ごちそうさまでした」で終わりました。指示の意味を正しく理解することが，子どもの発達を促進する上で大変重要なのですが，それができていないのです。何も考えずに指示を出す，通常の子どもであれば問題はないこともありますが，障害のある子どもに対しては，個々に応じた教育的配慮をするのが，この教育の専門性ではないでしょうか。指示を出すなら，教育的意味のある指示を出してほしいものです。

　高等部の子どもにも同じようなことがありました。宿泊学習のとき，先生が「男の子はお風呂に入りなさい」と指示を出しました。先生は，みんなが

タオルと着替えを持って風呂に行くものと思っていましたが，それができたのは1人だけでした。後は，そのまま脱衣場に直行しました。直行した子どもたちは何のためらいもなく服を脱ぎ，脱いだ服は丸めたままかごに入れると，浴室に行き，掛け湯もせずにいきなり湯船につかりました。タオルがないことに気がついたのは体を洗おうとしたときでした。先生は，「いつもは，風呂に行く前には，タオルや着替えを持つように指示し，服もたたむよう指示し，掛け湯もするよう指示するのですが，今までの指示が何の意味もないことがわかりました。自分で考えて行動できる力をつけないとだめですね」と反省しておられましたが，まさにその通りです。

　指示通り動けるようになることは，発達の段階からいっても重要なことです。ただ，発達的意味，教育的意味を考えて指示を出す必要があります。指示を出して動けることを目標にするのではなく，指示なしでも動けるようにしなければなりません。指示をするときは指示を減らすことも考えて，指示を出す必要があります。

　では，どのようにすればよいのでしょうか。次に考えてみます。

(3) 人は指示を受けるとどういう反応をするのか

　指示を受けての子どもの反応は，大きく3つに分けることができます。
　①指示しても指示通りに動かない
　②指示をすれば指示通りに動く
　③指示をすれば指示以上に動く

　①は一つ一つの行動に指示がいる子ども，ということになります。例を挙げれば，先に述べた「着替えなさい」と言ったら，その場で着替えをし出した子どもです。指示されたことばの意図が理解できない，ことばに密着した正しい行動が身についていない子どもです。こういう子どもには，まず，正しい行動を身につける指導から始めます。ことばでの指示はいりません。ことばでの指示は正しい行動が身について初めて機能します。正しい行動が身についていないのに，ことばで指示をすると，ことばでの指示の意味，意図

がいつまでたっても理解できませんから、ことばによる指示が機能しないのです。

「着替えなさい」と言われても、着替えの入ったかごを持ってくること、かごを着替え室に置くこと、着替え室で正しいやり方で着替えること、着替えがすんだら服をたたむこと、が正しく身についていなければ、「着替えなさい」ということばだけに反応して、その場でズボンを脱ぎ出したりします。正しい行動が身についているということは、少なくともその行動は認知できているということですから、ちょっとした働きかけで、それを引き出すことができるはずです。例えば、「着替えなさい」と言って、その場で着替えようとしたら、「かごを持ってきなさい」と指示しなくても、着替えの入っているかごを指させば気づくはずです。ことばで指示しなくても、正しい行動が定着していたら次の行動に自ら移れるのです。いつもことばで指示しながら正しい行動を定着させようとしている場合は、そうはいきません。この子どもたちは、ことばと行動を同時に認知するのがなかなかに難しいからです。まずは、正しい行動を優先させ認知させる必要があります。

指示しても、指示通り動けない子どもには、指示をしないで正しい確かな行動を身につけることがポイントだと理解しておいてほしいと思います。

②は、指示通り動くことが身についている子どもということになります。こういう子どもには、どのような指導が必要でしょうか。少なくとも、指示を出して、行動させる対応は必要ありません。指示通り動けるのであれば、指示を出すことの教育的意味はありません。指示がなくても動けるようにするには、どうすればよいかを考えなければなりません。具体的には、「着替えなさい」と言わなくても、着替えを始めることができるようにすることです。先生方の日常生活の指導を見ていると、ことばでの指示は当たり前のようにします。何の違和感も感じていない先生もたくさんいます。家庭で親が子どもに、ことばでの指示を出すのは、多少仕方ないところもありますが、学校が同じようにしていることに、筆者はいつも違和感を感じます。学校は教育の場です。発達を促進する場です。教育的な配慮がどれだけ行われてい

るかにより，先生の専門性の質が決まります。

　ことばでの指示をし続けると，先にも述べたように自分で考えて行動しなくなります。そうなった状態では，ことばでの指示なしで行動させるのは難しくなります。ことばでの指示は，最初は必要かもしれませんが，徐々に減らしていく配慮が必要です。これが教育的配慮です。ことばでの指示が少なくなるということは，当然ながら，自分で考えなければいけない行動が増えるということですから，自立へと一歩一歩近づいていくのです。

　指示通り動くことができても，パターン化されただけの行動や思考の働かない行動は生きる力にはつながらないと理解しておいてほしいと思います。

　指示すれば指示通り動けるある子どもは，先生が着替えのかごの位置をいつもと変えたら，まったく動けませんでした。パターン化された行動は思考が働かないため，変化に適応できないのです。生きる力とは，どんな状況下でもできることです。指導者は常に，このことを頭に入れておく必要があります。

　③は，まさに生きる力を身につけた子どもです。頭が働き，場面場面で判断ができ，見通しをもって行動できる子どもです。指示をする場合はこういう行動を目指す必要があります。先生から「着替えなさい」と言われたある子どもが，着替えを始めました。筆者は，一つ一つの行動を見て感心させられました。着替えの入ったかごを取り，着替え室の所定の場所に置き，着替えを始めるのです。着替え室の前に靴はきちんと揃えて置き，着替え室は整頓ができていなくて雑然としていましたが，それをまず自ら片づけるのです。服は裏返しにならないように脱ぎ，ていねいにたたみ，着替えがきちんとできているか，身だしなみに問題ないか，鏡を見て確かめるのです。決して能力の高い子どもではなく，知的に重度の子どもです。自分がやらなければいけないことだけでなく，どうすることがよいことかがわかっているのです。こういう子どもに育っていれば，いくら指示を出してもまったく問題はないと思います。指示が新しい行動を生むのですから，まさに生きる力を身につけた子どもと言えます。

では，どうすれば，こういう子どもが育つのでしょうか。担任の先生の指導を聞いて，なるほどと思いました。先生は次のように言われました。
　「『着替えなさい』と言って着替えのできる子どもを育てるのは，そんなに難しくない。着替えの手順と着替えの正しいやり方を根気よく教えればよい。しかし，そうした指導で着替えができるようになったからといって，子どもが発達しているかというと必ずしもそうではない。訓練して着替えができるようになったとしても，それが発達にふさわしい行動と言えないケースはたくさんある。発達とは着替えができるようになったことで，頭が働き出した，考えて行動するようになった，判断できるようになった，身近な見通しでなく着替えの次の行動を見通すことができるようになった，などが出てきて，初めて発達にふさわしい行動が身についたと言える。私が重視して取り組んできたことは，単に行動を教えるのではなく，よい行動，適切な行動を教えることである。そして，子どもが教えられた行動を意識してとることができるようになることである。こういう力が身についてくれば，自ら思考力，判断力，見通す力を発揮するようになる。これが発達であり，生きる力を育む土台となるのではないかと思う」。
　筆者もその通りだと思いました。こうした取り組みこそが，これからの日常生活の指導で重要視しなければならないことです。

(4) 映像化できる子どもとできない子ども
　自ら意識して，着替えが正しく確かにできるようになるためには，着替えの手順と正しい確かな行動が映像化（イメージ化）できなければなりません。映像化ができていなければ，先に述べたように，その場でいきなり着替えを始めたり，いい加減なやり方で着替えをするようになります。「着替えなさい」ということばでの指示を聞いても，着替えるということしか映像化できなければ，その場で着替えを始めることもあると思います。ところが，「着替えなさい」ということばでの指示を聞いて，手順と正しい確かな行動が映像化できれば，次の指示がなくても，1人で着替えができるはずです。実際

は，この子どもたちは映像化がほとんどできていない中でことばでの指示を受けているのですから，先生の意図に従った行動ができないのも無理はありません。それに対して，先生がとる対応は，注意したり，ことばでの指示を多くしたりすることです。これでは手順や正しい確かな行動を映像化するどころか，先生の注意する姿やことばで指示をする姿を映像化してしまいます。「いつまでたっても着替えは指示がないとできない」などという先生がいますが，原因は子どもの能力や障害にあるのではなく，先生の対応のまずさにあると言っても過言ではないと思います。手順や正しい確かな行動を映像化する学習が行われていないのです。

　では，具体的にどのようにすればよいのでしょうか。

　聞いて学ぶ力を身につける前に，見て学ぶ力を身につけることがポイントです。

① 福井県立嶺南西特別支援学校の事例

　福井県立嶺南西特別支援学校の小学部の先生が，すばらしい指導を行っていましたので紹介します。対象は，見通しをもつことが難しい重度な子どもです。指導内容は，給食の準備をすることで，一対一の指導です。

　最初に，先生が子どもに「給食の準備をしましょう」と子どもの目を見てやさしく呼びかけました。指示ではありません。肯定的な働きかけです。先生の意図は「給食の準備をしましょう」と言えば，まず手洗い場に行って手を洗い，次はエプロンや三角巾やマスクの入ったかごを持ってきて，着替えをし，それができれば給食室に給食を取りにいくという，一連の行動を身につけてほしいというところにありました。でも，子どもは，その意に反して，いきなり教室から出て給食室に行こうとしました。これが「給食の準備をしましょう」ということばに対する，この子の映像化です。先生はこれに対してどういう対応をしたのかというと，注意をしたり，指示をしたりせず，子どもと一緒に外に出て，子どもとしっかり目を合わせ，もう一度「給食の準備をしましょう」と呼びかけました。子どもは間違った行動をしていること

に気づき，また教室に入ってきました。しかし，どう行動してよいかわかりません。じっと戸口に立って不安な顔をしていました。先生は，また同じように「給食の準備をしましょう」と呼びかけました。すると，今度はエプロンや三角巾やマスクの入ったかごのほうに向かいました。着替えなければならないことに気がついたのです。先生は，また子どものところに行って，「給食の準備をしましょう」とやさしく働きかけました。子どもはここでも間違っていることに気づき，最初の場所に戻りましたが，どうしてよいかわからず，不安な顔をしてその場から動こうとしません。手洗いをしなければいけないことに気がつかなかったのです。先生はどうしたかというと，子どもの顔を見ながら，自らが教室の後ろにある手洗い場に向けてゆっくりと一歩ずつ歩き始めました。その様子をじっと見ていた子どもはようやく，手を洗わなければいけないことに気がつきました。急ぎ足で先生より先に手洗い場に行ったのです。これには感心させられました。子どもの気持ちを想像するに，「やっと先生の言っていることがわかった」という行動だったように感じました。

　先生も後を追い2人で並んで，手を洗い始めました。2人で石鹸を取り，両手でこすり合わせ始めました。手に石鹸がついたところで，まず先生が石鹸を石鹸箱に戻しました。しかし，子どもは手に石鹸を持ったまま，いつまでもこすり合わせています。いつ石鹸を置けばよいかがわからない様子でした。先生は黙ってもう一度石鹸を取り，手でこすり合わせ，今度は子どもが気がつきやすいように，子どもの目を見ながら，ゆっくりと石鹸を石鹸箱に戻しました。子どもはそれに気づき，やっと石鹸を戻しました。先生を見ればいいということがわかったのでしょうか。その後は先生の手を一生懸命見て，先生と同じように手洗いをするのです。先生が手の甲を洗えば子どもも同じようにし，手首を洗えば手首を洗うのです。爪を洗えば爪を洗うのです。先生はこの間ひと言もしゃべっていません。ずっと，目と表情でやさしく見守り，訴えかけているのです。筆者には，その表情から「えらいね」「よくできるね」「頑張って」と心の中で働きかけているように思えました。こう

して手洗いがすみ，着替えをして給食室に行くのですが，先生がしゃべったのは「給食の準備をしましょう」だけなのです。これが最大の指導ポイントなのです。

　先生は「給食の準備をしましょう」と言えば，子どもがどういう行動をしなければいけないかを映像化させる学習を行ったのです。一般的には，「今から給食の準備をします」「手を洗ってください」「着替えをします」「給食室に行きます」などと手順に従って指示を出し，正しく確かにできていなければ，先生が手伝ったりする指導が多いですが，これに比べるとまさに対照的な指導だと言えます。ことばによる指示をしなくても指導はできるし，むしろ，ことばがないほうが思考が働き，ことばのイメージを膨らませることができ，より効果的だということが理解できるのではないでしょうか。

　こうした指導を続けていけば，「給食の準備をしましょう」と言えば，手順に沿った行動が即座にイメージでき，適切な行動ができるようになるのです。これが生きる力であり，自立した日常生活と言えるのです。「掃除をしましょう」「朝の支度をしましょう」「全校集会が始まります」などなど，すべての日常生活において，この事例は参考にできるのではないでしょうか。

　ことばを聞いても，ことば通りに直接的にしか行動できない子どもはたくさんいます。ことばを，ことば通りにしかとらえることができないのであれば，コミュニケーションは成立しません。ことばは，ことばの意図を理解できて初めてコミュニケーションが成立します。ことばを聞いたとき，ことばそのものを映像化するのではなく，ことばの意図を映像化する必要があるのです。この事例は「給食の準備をしましょう」ということばの意図を映像化する学習をした，ということができます。是非，意図の映像化を考えた学習設定をしてほしいと思います。

② 　愛媛大学教育学部附属特別支援学校の事例
　次は，愛媛大学教育学部附属特別支援学校の着替えの事例です。
　小学部３年生の自閉症で，着替えのスキルはもっているが，一つ一つ次々

と指示をしないとなかなか着替えをしない子どもがいました。指示をしなかったら，教室内をうろうろするだけで，いつまでたっても着替えません。先生は，指示を出してできるのであれば，そのうち指示をしなくてもできるようになるのではないかという見通しをもって1年間指導をしてきましたが，どうも，それは甘かったようです。1年間のこうした指導で，先生の思いとは逆に，子どもは指示をしなかったら動かないマイナスの意識，マイナスのパターンを身につけたのです。これでは将来に通用しない，と危機感を感じた先生は，「指示をされなくても1人で進んで着替えることができる」という目標行動を設定し取り組み始めました。

　先生が，まず始めたのは，ことばでの指示は一切しないことです。ことばでの指示をしないで，目的的な行動ができるようにしたいと考えたのです。具体的には，今までしていたことばでの指示はしないだけでなく，子どもの側について行動させることもしないようにしました。先生は他の子どもにかかわったり，自分の仕事をしたりなど，少し子どもから距離を置くようにしました。戸惑ったのは子どものほうです。いつもは学校へ来ると先生が出迎えてくれ，次々とことばでの指示を出してくれるのに，それがありません。何かが違うと感じている様子はうかがえました。子どもは，いつも先導してくれる先生がいないために教室へ入ろうとしません。それでも先生は，待つことに徹し，かかわることをしませんでした。普段なら，教室に入り着替えを始めている時刻なのですが，廊下を行ったり来たり，しゃがみこんで外を見たりと好き勝手な行動をしていました。とはいえ，多少は気になるのか時々教室の中をのぞいていました。そのとき，都合よく助っ人が現れました。クラスの友達が，「○○君，着替えをしないといかんよ」と言ってくれたのです。すると，子どもは何の抵抗もなく，教室に入り，荷物を片づけ始めたのです。普段なら，先生が一つ一つ指示してやらせていることなのですが，なぜか自分でできているのです。友達から働きかけられた効果でしょうか。でも片づけが終わっても着替えに取りかかろうとしません。今度は，子どもがじっと先生のほうを見ています。先生から，いつもの指示が出るのをうか

がっている様子でした。先生は,「おはよう」と言って声はかけましたが,その他は何の働きかけも反応も示しませんでした。今度は廊下のときと同じように,教室でうろうろするかと思ったのですが,それもせずじっとしています。何かをしなければいけないという意識はもっているようでした。ところが,また友達が「○○君,早く着替えをしないといかんよ」と言ってくれたのです。すると子どもは,特別に急ぐこともせず,ゆっくりと着替えをし始めたのです。その後は,休みながらの行動でしたが,最後まで着替えをすませることができました。いつもの倍の時間はかかっていました。ここで,やっと先生が行動を起こし,「1人で着替え,頑張りました。○です」と言って両手で大きい丸を作りました。子どももうれしかったのでしょう。にっこり微笑んでいました。

　問題は,次の日です。先生は何とかこの日の行動を定着させたいと考えました。友達の声かけがあれば行動できることがわかりましたので,次の日も友達に頼めばいいのですが,それでは「やらせ」になり,この日のようなごく自然な雰囲気の中で出てきた友達による働きかけではなくなります。自然な雰囲気の中で出てきた友達による働きかけであったからこそ,この子が行動できたのです。このことを大切にしなければ,せっかくの行動が定着しません。先生は,前日と変わらない対応,状況を設定することにしました。前日と同じように,玄関で子どもを出迎え,「おはよう」のあいさつだけをするとさっさと教室に入り,自分の仕事を始めました。子どもはしばらく玄関で立ったままでしたが,多くの子どもが靴を脱いで上がっていきますので,それにつられたのか,誰の指示もなく,1人で靴を脱いで教室の前まで来ることができました。

　でも,やはり教室には入りません。前日と同じく,うろうろしたり,自分の世界に入ったりしていました。前日に声をかけてくれた友達が,今度は先生に「○○君が廊下にいます」と伝えにきました。先生は,やさしく「教室に入って着替えるように言ってあげて」と頼みました。これは,ごく自然な成り行きです。友達は廊下に走っていって,この子に声をかけました。なぜ

か，この友達に声をかけられると素直に動くのです。

　こうして同じパターンでの行動が約1週間続きました。ところが週明けの月曜日に，先生が用事で玄関に迎えに行くことができず教室にいると，いきなりこの子が入ってきたのです。先生は感動し，喜びを全身で表現し，握手をしながら「おはよう」のあいさつをし，「今日は早く教室に来れたね。すごい。着替えも頑張りましょう」と声をかけたのです。スムーズに着替えができたことは言うまでもありません。

　この日の朝の会で，先生は，今日の出来事をみんなに話しました。一番に拍手をしてくれたのは，いつも声をかけてくれていた友達でした。この子もうれしかったのか，にやにやしていました。この日を境に「指示をされなくても1人で進んで着替えることができる」ようになったのです。着替えるという行動が間違いなくインプットされ，この子なりの映像化がされたと考えることができます。

　おわかりのように先生は，特別な指導をしたのではありません。子どもの意識を引き出す指導を行っただけです。先生方の中には，子どもに何かをしてあげたり，子どもと常時かかわっていることが教師としての役割だと思っている人も多く，出さなくてもよい指示を出したり，子どもが夢中でやろうとしているのに手を出したり，声をかけたりします。特に，参観者が多い授業研究会などになると，余計に多くなるのは気のせいでしょうか。

　子どもの意識を育て，主体的な行動を引き出すのが，教師が教師らしさを発揮しなければならない最も重要なポイントです。指示をして，声をかけて子どもの意識を変え，主体的な行動を引き出すことができるのであれば，何の問題もないですが，この子どもたちはそうはいきません。決して，指示や声かけが必要ないと言っているのではありません。意識して主体的な行動がとれている子どもであれば，指示や声かけがマイナスになることはありません。むしろプラスに作用することもあると思います。まずは，指示や声かけをせずに意識して主体的に行動できる指導を行う必要があります。こうしたベースラインから出発した指導が，子どもの生きる力を育てるのです。

(5) 重視すべきこと

「日常生活の指導」で指導者が重視しなければいけないことをまとめてみますと，次の３つの支援がポイントであると言えます。
　①思考する支援をする
　②気づく支援をする
　③正しい確かな行動を身につける支援をする
　もうすでに事例でも述べましたが，もう少し具体的にどういう支援が必要かについて説明します。

①　思考する支援をする

　行動に支援をしても，意識は育たないことは先にも述べました。理由は，行動に支援をされると，支援されたことが強く意識され，なかなかに主体的行動に結び付かないからです。指示をされて行動させられている子どもは指示を待つようになります。いつも行動へ支援をしていると，支援してくれるのが当たり前になります。意識がこちらの思いとは逆の方向にいってしまいます。自分にとって楽な意識ほど定着しやすいのです。これが知的障害の子どもの特性だと理解しておく必要があります。行動をさせたり，行動へ支援をしたりすることが，子どもの発達を促進することは考えにくいのです。
　では，どうすればよいのでしょうか。行動へ働きかけるのではなく，思考に働きかけをして，行動を引き出すことを考えるのです。思考を伴う行動を引き出すのです。
　例えば，ある子どもが，自分の食べた給食の食器を後片づけしていたとき，スプーンの置場がわからず，先生に「これはどこに置けばいいですか」と尋ねました。先生はすかさず，子どもの側に行って，「ここよ」と指さしました。子どもは言われる通りスプーンを置いて，外に出ていきました。対象に違いはあれ，実際はよく行われている対応です。要は，こういう指導はしないようにしましょう，ということです。実は，この子はいつもはきちんとスプーンが置けるのです。今回は，たまたま場所が違っていたためわからなか

ったのです。ちょっと周りを見渡し，考えればすぐにわかるはずなのですが，それができないところに問題があります。わからなければ，自分で考えるのではなく，すぐに先生に尋ねればよい，という思考回路が定着しているのでしょう。これは決して子どもに問題があるのではありません。先生の対応の仕方により身につけた思考回路である，と考えるべきです。子どもから尋ねられたとき「どこに置けばよいか考えてごらん」のひと言がほしいのです。こういう対応が日常的に行われると子どもは，先生に尋ねず，自分で考え判断するようになります。生きる力につながる思考回路を定着させてほしいのです。

　行動は，行動できるだけでは生きる力となりません。行動を思考して初めて生きる力につながります。自分がどういう行動をすればよいか，自分は今，何をしなければいけないかなど，行動を思考するから主体的行動が生まれ，見通しのある行動がとれるようになるのです。そんなことを考えないで行動しているとするなら，いつまでたっても行動が生きる力につながることはないのです。思考しない行動はその場限りの行動で，ほとんど般化しない行動だとわかっているのですが，指導者はこのような発達の重要性を考えることなく，思いつきで指示や支援を出し続けているように思います。

　筆者が何よりも問題だと思うのは，思考しなくても行動できる環境設定があまりにも当たり前になされていることです。レールの上をまっすぐ歩けば目的地に到達できるような環境設定をし，子どもが1人で行動できている，と満足している授業に出合うこともよくありますが，筆者に言わせれば，これは論外です。子どもの発達，自立をどのように考えているのか，問いただしたくなります。限定された環境設定の中で，頭が働かなくてよい主体的行動を引き出して，どれだけ，発達的意味，自立的意味があるのでしょうか。まったくないとまでは言いませんが，こういう指導に終始していると，子どもを退行させるだけです。指導者の専門性を疑いたくなります。

　では，子どもたちが行動するための環境設定は必要ないか，というとそうではありません。環境設定は必要ですが，思考する部分を残した環境設定を

してほしいのです。環境設定は，当然ながら当たり前の普通の生活からは，かけ離れた限定したものになりますから，日常生活の指導が目指す，生きる力を身につけるという方向性とやや異なります。そういう意味では，最終的には，限定されない環境設定の中で，思考を働かせ，普通の当たり前の生活ができるようにしていくことを目指すべきです。

② 気づく支援をする

　思考する支援と同様に気づく支援も重視すべきです。言うまでもなく，思考は気づくから働きます。気づくことのない思考の働きは，たとえ主体的行動であっても生きる力につながることはありません。次は着替えをしなければいけないと気づけば，行動を思考するようになり主体的行動が生まれるのです。

　では，気づくためにはどういう支援が必要でしょうか。少なくとも，行動を映像化できていない子どもは，どんな支援をしても気づくことはありません。気づく支援が効果があるのは，次の行動をイメージ化できるかどうかによります。ただし，次の行動がイメージ化できても，正しく確かにしなければならない，という意識がなければ，気づいても目的的な思考が働きませんから生きる力にはつながりません。気づく支援を行うためには，行動の映像化と正しい確かな行動の認知がポイントになります。

　気づく子どもを育てるためには，どういう段階を踏んだ取り組みを行えばよいでしょうか。着替えを例に考えてみます。

　まずは，正しい確かな着替えの行動が身についているかどうかを，一つ一つ確認してほしいと思います。指示をしながらでもできていればいいです。これがクリアできていたら，指示も支援も何もしない状態での子どもの行動を把握します。そういう状態で，子どもが行動を始めてくれれば一番いいのですが，なかなかそうはいきません。じっとして動かないことも多いと思います。このときにどんな気づく支援をするか，がポイントになります。端的に言えば，行動を促すためのことばでの指示や身体的支援などの直接的な働

きかけはしないことです。具体的には、子どもにより支援の仕方は違ってきます。着替え始めるのを少し待ってみることも選択肢の1つです。待てば行動を起こしてくれれば、一番いいのです。待つことは、気づくための積極的な支援の1つであるのです。先生が黙って行動を起こして、見本を見せるのも一方法です。次の行動を促す映像をタブレットを使って見せるのもいいでしょう。とにかく、声をかけたり、指示をしたりしないで、着替えができるようになることを徹底して目指すのです。やむを得ず声をかけるときは、本人に直接ではなく、すべての子どもを対象にした声かけにします。子どもが行動を起こし始めた時点で支援はしないのが原則です。

そんなに難しい取り組みではありません。先生方がちょっと意識を変えた対応をすればいいだけです。このような対応で、変化が見られた子どもがたくさん確認されていることを知っておいてほしいと思います。

筆者が実際の指導を見る限りにおいては、多くの先生は子どもが気づく前に何らかの指示をしています。指示をして気づかせることも多いと思います。これではいつまでたっても、自ら気づく行動は生まれません。気づく行動が生まれないということは、日常生活の自立の実現はなかなかに難しいということになります。

③ 正しい確かな行動を身につける支援をする

日常生活の自立の実現で、意識に次いで重視しなければならない指導目標は「正しい確かな行動を思考をしながら達成する」です。これは、すべての指導内容において達成しなければなりません。この目標が達成できれば生きる力は身についたと考えてもいいと思います。問題は、どういう指導過程を経てこの目標を達成するか、です。

ここではその手順について、着替えを例に説明します。

まず、指示も支援も何もしないときに、1人でどれだけ、正しい確かな着替えができるかをチェックします。着替えの行動のベースラインを把握します。これは、次の3点の内容を把握することがポイントです。

1つ目は各行動への取り組む意識，主体性についてです。各行動のプラスの意識，主体性だけをチェックします。これは，行動が正しく確かにできる，できないは関係なく調べます。例えば，「上着は自分から脱ごうとする（ボタンは外せない）」「自分から靴下を履こうとする（かかとは上にきている）」などです。

　2つ目は見通しのチェックです。着替えを終えるというゴールを目指して，どれだけ見通しをもって取り組んでいるかを調べます。これも見通し面だけに絞って，見通している行動だけをチェックします。例えば，「更衣室に入ると1人で最後まで着替えることができる」「更衣室まで自分から行くことができる」などです。

　最後は，正しい確かな行動のチェックです。これはスキル面を中心としたチェックになります。これも，問題のない，できる行動だけをチェックします。評価基準は，あくまで将来の社会生活，職業生活で通用するかどうかです。「シャツをズボンの中にきちんと入れることができる」「ワイシャツのボタンをきちんと留めることができる」などです。

　チェックが終われば，支援計画を立てることになります。3つのチェックに沿って，それぞれについて支援計画を立てます。基本的にはできていることは支援はしないで，できていない行動についてどういう支援をするかを考えるというのが基本姿勢になります。

　意識，主体性については，例えば「自分から着替えを始めようとしない」のであれば，どういう支援をすれば改善できるかを考えるのです。

　見通しについては，例えば「着替えをするための準備ができない」のであれば，準備ができるようにするための支援計画を立てればよいのです。

　今挙げた2つは，能力や障害に関係なく，すべての人を対象にクリアすることを目指します。

　正しい確かな行動については，能力や障害により変わってきますので，個々に応じた配慮が必要になります。例えば「ボタンを留めることができない」のであれば，ボタンを留めることができるようになる工夫や配慮を考え

るのです。先生方の対応を見ていると，できるところまで自分でさせて，できないところは先生がしてやることが多いようですが，こうした対応はしないことです。できないから，当然，先生の身体的支援は必要になります。しかし，ここでの支援で重要なのは，子どもが，先生から支援をしてもらったからできたという意識にならない支援をするということです。先生に支援はしてもらっているのだけど，自分でやることができたという意識をもたせる支援をするのです。能力や障害により支援の質や内容は違いますが，正しい確かな行動で終わるのはすべての人に共通する目標です。とにかく，自分でやれたという意識にさせるのがポイントです。

　これは，それほど難しいことではありません。ボタンが留められないのであれば，最初から99％まで教師が支援をし，残りの１％，すなわちボタンを持ってちょっと引っ張ればボタンが留まるようにすればいいのです。子どもは１％しかしていないですが，最後の仕上げの１％を自分でしていますので，自分でやったという気になるのです。できるところまで自分でやって，あとは先生が仕上げるなどという対応は，意識や主体性を育てる上でマイナスになりますので，しないほうがいいでしょう。支援方針としては徐々に支援の％を減らし，自分でできる最後の部分の％を増やしていくのです。

　「日常生活の指導」は意識と見通しとスキルを別々に把握し，それぞれに効果的な支援の在り方を考えるのが日常生活の自立の実現にとても重要であることを理解して，取り組んでほしいと思います。

3 「日常生活の指導」とキャリア教育

　これからの「日常生活の指導」は，どうあればよいのでしょうか。キャリア教育の視点を取り入れれば，今までの指導をどのように変えなければならないのでしょうか。学校教育12年間での指導を考えてみたいと思います。図にまとめると，以下のようになります。

　これからの「日常生活の指導」は基本行動（人が集団の中で生活していく上で，どうしても身につけておかなければならない行動・生きる力の土台と

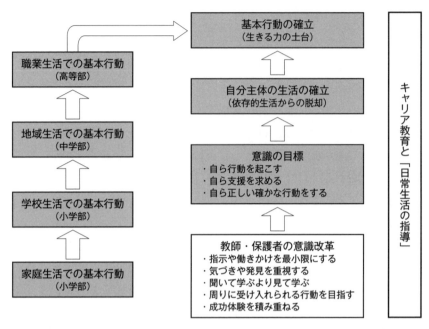

なる行動)を確立することが目標になります。そのためには,まず,教師,保護者の意識改革から始めなければなりません。今までの指導や訓練,習慣化やしつけでは効果がないという理解を,まずしてほしいと思います。具体的に言うと,以下の5点を重視した対応を行う必要があります。これについては,もうすでに述べてきましたので,ここではそのポイントをまとめてみます。

＊指示や働きかけを最小限にする＊

指示や働きかけを徐々に減らしていき,なくてもできるようにします。

＊気づきや発見を重視する＊

気づきや発見ができる支援をし,できたときはほめます。目標は,気づきや発見ができることよりも,気づきや発見が行動するためには重要であるということを,子どもが認知することです。

＊聞いて学ぶより見て学ぶ＊

聞いて学ぶよりも，見て学ぶ対応を優先します。見て学ぶ思考パターンを身につけます。

＊周りに受け入れられる行動を目指す＊

1人でできることが目標ではありません。1人でできても，それが周りに受け入れられる行動でなければ意味がありません。指導者は常に，子どものこの行動は周りに受け入れられるのかどうか，教師のこの対応は社会で通用するのかどうか，を考えながら支援することが必要です。

＊成功体験を積み重ねる＊

この子どもたちの，これまでの生活を振り返ってみると，失敗体験を積み重ねていることがほとんどです。注意されたり，やり直しをさせられたり，叱られたりの体験がそれに当たります。少なくとも，成功体験が失敗体験よりも多くないとプラスの意識は育ちません。失敗を成功に導くやり方でなく，常に成功に導く支援が必要です。

教師や保護者がこうした対応をとれば，子どもの意識に変化が見えてきます。「日常生活の指導」は，プラス意識を育てることが目標です。具体的には教えられたり，指示をされて動くのではなく，自ら動くことにポイントを置くことが必要です。重要なのは，次の3点です。

＊自ら行動を起こす＊

できない行動であっても，自ら行動を起こそうとする意識を育てます。できないことをできるようにする前に，自ら行動を起こそうとする意識を育てるのがポイントです。意識が育ってくれば，できないことに挑戦する意欲が生まれます。

＊自ら支援を求める＊

　できないことは手伝ってやればよい，とすぐに手を出す，口を出す指導者がいますが，手や口を出すのは，子どもが支援を求めてきたときにすべきです。できないことをできるように支援する前に，支援を求めることの積極的意識を育てることが大事です。意識が育った上での支援でなければ，支援をしてもらえるのが当たり前になり，自ら行動を起こそうとしなくなります。

＊自ら正しい確かな行動をする＊

　教師に注意されたり，指示されたときだけ，正しく確かな行動をしようとする子どもが，結構いるのではないでしょうか。これは意識が育っていない証拠です。注意されなくても，指示されなくても，正しく確かな行動は当たり前であるという意識を育てなければなりません。

　上記の3つの行動がとれるようになると，依存的な生活から自分主体の生活へと変わった，ということが言えます。この自分主体の生活ができるようになることが重要なのです。これができるようにならないと基本行動は確立できません。自分主体の生活を考えることなく，基本行動の確立を目指し，指導や訓練を徹底している先生がいます。はっきり言って，スキルが身についたとしても生活の中で機能できるようになりません。この構造図の指導の順序性は，大切にしてほしいと思います。このような手順を経て身につけた基本行動であってこそ，生活単元学習での生活意欲や作業学習での働く意欲を育てる土台となるのです。

　基本行動の確立は，言うまでもなく家庭生活や学校生活での確立を目指せばよいのではありません。子どもの成長に合わせて，子どもの年齢にふさわしい生活の中での確立を目指す必要があります。最終的には職業生活や社会生活で通用する基本行動を身につけなければなりません。学校教育12年間の中でステップアップしながら育てていくものです。年齢を重ねるに従い，生活は変化していきますから，当然ながら基本行動の内容も質も変えていかな

ければなりません。生活の質や幅に合わせて,基本行動を積み重ねていかなければ生きる力につながらないのです。

　具体的には,小学部では家庭生活と学校生活で必要な基本行動の確立を,中学部では地域生活に必要な基本行動の確立を,高等部では職業生活に必要な基本行動の確立を目指します。家庭生活で基本行動が確立できていない子どもが学校生活で基本行動を確立できることは難しく,同様に,学校生活でできていない子どもは地域生活では難しく,地域生活でできていない子どもは職業生活では難しいのです。それぞれの年齢に応じた生活の中で必要な基本行動を確立し,それを積み重ねていくことで,将来の職業生活,社会生活での基本行動を確立するのです。こうした12年間の段階的な指導の積み重ねがキャリア教育と言えます。

第3章 キャリア教育の視点を取り入れると「生活単元学習」はどう変わるべきか

　キャリア教育の視点を取り入れると「生活単元学習」はどう変わらなければいけないでしょうか。「生活単元学習」は，知的障害教育が精神薄弱教育と言われていた時代から教育課程の中核に位置づけられ，生きる力を身につけるための学習として発展してきました。これが現在でも引き継がれています。しかしながら，最近では，現場の先生方からは，従来型の「生活単元学習」では，子どもたちに生きる力を身につけるのが難しくなってきている，と聞きます。何が原因なのでしょうか。障害の重度化，多様化でしょうか。それとも子どもの能力的な弱さによるものでしょうか。筆者は，いずれも当てはまらない，と思っています。たとえ，障害や能力に課題があったとしても，それに合わせて生きる力を身につける学習を考えていくのが「生活単元学習」のねらいであり，よさであるからです。また，それを実現することが，この教育の教師の専門性だと思うからです。
　では，「生活単元学習」で生きる力を身につけるためには，具体的にどこを，どのように見直せばよいのでしょうか。
　長年積み上げてきた，この教育で最も重要な「生活単元学習」を見直すのは，なかなかに大変なことですが，筆者は，キャリア教育の視点を取り入れることが，「生活単元学習」の在り方を変える貴重なチャンスになると考えています。
　本章では，キャリア教育の視点で考えれば，「生活単元学習」の指導内容，指導方法は，今後どうあるべきなのか，今まで積み上げてきた「生活単元学習」のよさを生かすことを基本にしながら，具体的に提言したいと思います。
　この章で理解しておいてほしいことをまとめると，以下のようになります。

- 「生活単元学習」は生活を体験する学習ではない
- 生きる力を高める学習である

- 生きる力は，生活（家庭，学校，地域，職場）の質を高めることで向上する
- 生活の質を高めるためには生活意欲が重要である
- 生活意欲は生活に適応することで生まれる
- 適応とは「役割，課題を主体的に果たすことができている状態」をいう
- 生活に適応するためには，2つの適応が重要である。1つは生活そのものへの適応，もう1つは集団への適応である
- 生活への適応は，子どもにとって，ふさわしいものであるかどうかがポイントである
- 生活スキルが生活の中で機能していることが，生活への適応の質を上げる
- 集団への適応は仲間意識（協力，協調）の向上がポイントである
- 子どもにとって，最もふさわしい生活や集団の中で，役割，課題を主体的に果たす学習が，これからの「生活単元学習」である

1 今までの「生活単元学習」とこれからの「生活単元学習」

　「生活単元学習」とはどういう学習でしょうか。生活を体験する学習ではありません。生活に適応する学習です。生活には家庭生活，学校生活，地域生活，職業生活があるわけですが，年齢に応じてそれぞれの生活に適応できるようにする学習だと理解しておいてほしいと思います。生活に適応することで「生きる力」「生活の質」「集団の質」の向上を目指す学習です。

　キャリア教育を取り入れたからといって，「生活単元学習」のねらい，目標が変わるわけではありません。今まで「生活単元学習」が目指してきた「生きる力」「生活の質」「集団の質」の向上は，これからも重視していかなければなりません。問題は指導の内容と方法です。どれだけ，その成果をあげることができているかが重要です。今までのような体験重視の学習では，成果があげられないとするならば，どんな内容を，どのような方法で学習するほうが効果的かを検討しなければなりません。

　まずは，3つの目標がなぜ必要で，ねらいはどこにあるのか，について説

明したいと思います。

(1) **生きる力の向上**

　生きる力の向上は，「生活単元学習」で最も重視されている目標ですが，その定義については，ほとんど明確にしないままに指導が行われています。定義が明確にされていなければ，計画された指導内容も指導方法も，目標を達成するためのものとはなりませんから，指導効果があげられないのは，言うに及ばず，です。まずは，こういうところを改善していく必要があります。目標を具体化し，それを実現するための指導を考え，その結果を常に評価していく，こうした指導過程の循環化ができれば，否が応でも成果は出てきます。

　では，生きる力をどのように定義づければよいでしょうか。

　まず，理解しておいてほしいことは，主体的行動を引き出せば生きる力になるかというと，そうではないということです。生きる力は主体的行動が重要なのではなく，主体的行動を引き出す内面の働きが重要です。これについては，今まで何度も述べてきました。

　いくら一生懸命指導し，主体的行動ができるようになっても，必ずしもそれが生きる力につながらないことを知っておいてほしいのです。問題は，どのようにして主体的行動ができるようになったかです。例えば，行動をパターン化したために主体的行動がとれるようになったケースもあるでしょう。あるいは，教師が学習環境を構造化したために主体的行動が見られるようになった例もあるでしょう。学校や教室で主体的行動が引き出されたとしても，これが学校以外で同じようにできるかというと，筆者の経験では，かなり難しいのが実際です。これは，主体的に行動させることだけに焦点を当てた指導が行われているからです。主体的行動を引き出す内面を育てることが，行われていないからです。具体的には，思考を伴う主体的行動，判断を伴う主体的行動，気づきを伴う主体的行動，見通しを伴う主体的行動を引き出す体験を積み重ねることです。こうした行動が，生きる力につながる主体的行動と言えるのです。行動は思考しなければ，判断しなければ，気づきがなけれ

ば，見通しが伴わなければ，生きる力とはならないことを，しっかりと理解して，指導にあたってほしいと思います。

　生きる力とは「思考を伴う主体的行動，判断を伴う主体的行動，気づきを伴う主体的行動，見通しを伴う主体的行動」を言います。

(2) 生活の質の向上

　生活の質の向上も，「生活単元学習」では目標として取り上げられています。しかし，生活の質の向上とはどういうことかが明確にされていません。そのために，目標として上がっていても，目標を達成するための具体的な学習の在り方になると，ほとんど示されていないのが現状です。

　生活の質の向上とは「生活スキルが生活で機能している状態」「意欲的な生活ができている状態」と理解しておいてほしいと思います。ということは，「生活単元学習」は生活スキルを高めるための学習ではないということになります。生活スキルを高める必要がないと言っているのではありません。生活スキルを高めることだけに目標を置かないでほしいということです。この子どもたちは生活スキルが身についただけでは，生活で機能はしません。実際生活の中で使うことを教えることで，初めて機能するのです。こうした学習が，今の「生活単元学習」では，ほとんど行われていないような気がします。

　一方で，生活スキルをおろそかにして，実際生活だけに目を向け，体験重視の学習を積み重ねているケースがあります。実際の生活を体験し，機能する力を身につけようとする意図はわからないでもないです。しかし，生活スキルが身についていないままの体験では，いい加減な行動による体験になりますので，機能する力にはつながりません。

　生活スキルが身についても，生活で機能する学習をしなければ生活の質は向上しませんし，生活スキルの獲得を無視して生活で機能する体験だけを重視しても，生活の質は向上しないということを理解しておく必要があります。

　最も効果的な方法は，生活スキルをしっかりと身につけて，応用・般化する学習を設定することです。この両方を計画することが，「生活単元学習」

なのです。生活スキルが機能すると生活意欲が出てきます。
　具体例を挙げて，もう少し説明してみます。
　宿泊学習の単元で，当日の夕食は自分たちだけで作るという計画を立てました。ある子どもはカレー作りを任されました。しかし，この子はカレーを作ったことがありません。どういう材料が必要かもわかっていません。こういう子どもに，なぜカレーを作らせる必要があるのか，という声が他の先生から出ました。しかし，担任の先生は，それには耳を傾けませんでした。しっかりとした計画を立てての決定だったからです。まずは，カレー作りの練習から始めました。カレー作りが1人でできるようになるための教える学習です。これが，上述した生活スキルを身につける学習です。カレーに必要な材料を教え，子どもとともに買い物に行き材料を揃え，調理して，実際にカレー作りを体験することを繰り返したのです。最初は，一つ一つ教えなければ，カレーはできませんでしたが，回を重ねているうちに，カレー作りに興味が出て，真剣に取り組むようになりました。「やればできる。もっとやりたい」という前向きな意識に変化した，と言います。やる気をもって真剣に取り組むようになるとスキルは身につくものです。始めた当初と比べると学ぶ姿勢が変わり，自ら練習してスキルを身につけていったのです。ようやく，先生の支援を受けず，1人でカレーが作れるようになりました。でも，これで学習の終わりではありません。これで終わったのでは，生活の質の向上は望めません。次は機能する力，応用・般化する力に変えなければなりません。そのための学習は，宿泊当日，自分1人で，おいしいカレーを作り，友達に喜んでもらえる体験をすることです。こうした成功体験が，機能する力を定着させるのです。
　担任の先生の計画では，宿泊当日に成功体験をするために，事前にカレー作りの学習（生活スキルを身につける学習）を積み重ねたのです。先生の頭の中には，生活スキルを身につけて，成功体験をさせ，機能する力に変えたいというしっかりとした計画が立てられていたのです。宿泊学習の後，家庭でも自らカレー作りに挑戦し，家族に喜ばれたといううれしい報告を母親か

ら受けたそうですが,これが生活の質を高めるということなのです。生活で通用する生活意欲が身についたのです。

「生活単元学習」を計画するときには,生活の質を高める,生活意欲を高めるところまで計画することが重要であることが,この事例からもわかると思います。

(3) 集団の質の向上

子どもの中には,1人での活動であれば,もっている生活スキルが発揮でき,何の問題もないのに,集団に入るともっている生活スキルがほとんど発揮できない子どもがいます。ある子どもは,集団の中ではじっとして活動を起こしませんが,周りの人がいなくなると活動することができます。学校ではできるだけ集団を避け,1人で活動することを好みます。集団では意欲的になりませんが,1人では意欲的になれるのです。

その一方で,1人での活動では,生活スキルが身についていないために,活動が停滞してしまうのに,集団の中に入るとなぜか水を得た魚のように,周りに人の支援を自ら求めながら,意欲的に課題を遂行できる子どもがいます。この子の場合は,1人で活動することを嫌がり,好んで積極的に集団の中に入ろうとします。1人のときは,能力相応の活動しかできませんが,集団に入ると能力以上の活動ができるのです。筆者は,こんな子どもを育てたいと思うのですが,どうでしょうか。

個性による差はあるにせよ,どちらが生きる力を身につけているかを問われると,当然,後者になります。今までの教育では,生活スキルをもっている子どもほど,生活の質が高く,質の高い生きる力を身につけることができると考えられてきましたが,決してそうではないことがわかります。いくら生活スキルをもっていても集団に適応できる力をもっていなければ,集団の中で生かされることはありません。集団の中で生かされないということは生活の質が低く,生きる力もそれほど高くない,ということになります。人は人と人との関係性の中で生きています。当たり前のことではありますが,人

と人との関係性の中で生きることができている子どもほど、生活の質が高く、質の高い生きる力を身につけているのです。

では、集団に適応できる力を身につけるためにはどうすればよいのでしょうか。第1章でも述べた通り、集団に適応できているとは、集団の中で、自分の役割、課題を主体的に果たすことができている状態ということになります。したがって、集団に適応できるようにするためには、まずは、集団の中で、自分の役割を主体的に果たすことができることが重要です。集団の中で自分の役割を主体的に果たすことができれば、おのずと周りの人との関係性はよくなり、集団の質が高められます。

集団の質が高いとは、集団を形成する個々人が、周りを意識しながらそれぞれの役割、課題を果たしている状態を言います。集団での活動が障害の軽い子どもが中心で、障害の重い子どもは脇役であったりする集団は質が高いとは言えません。すべての子どもが重要な役割、課題を果たすことができる集団であってこそ質が高い、と言えるのです。

これからは、こういう集団の質を高める学習をもっと取り入れていく必要があります。集団の質が高められた状態で、生活スキルを教えると、互いが意識し合って学び合うという相乗効果が期待でき、ますます質の高い集団づくりができることになるのです。

集団の中で子ども同士の関係性が向上しなければ、集団の質も、生活の質も、生きる力も向上しないことは理解しておくべきです。

2 生活意欲の向上がポイント

生きる力の向上、生活の質の向上、集団の質の向上が、「生活単元学習」で重視しなければいけない目標であることを述べました。最終的には、自分の生活をより豊かにするために努力ができる人になってほしいのです。すべての子どもに生活意欲のある生活をしてほしいのです。少なくとも、今日1日の生活を理解し、見通しをもって、主体的、目的的に生活できるようにならなければいけないと思います。生きるとはそういうことです。これは、能

力や障害には関係ありません。その子にとって，必要で，重要な1日の生活でいいのです。これができないと，実社会では通用しません。

　具体的には，例えば，朝は自分で起き，朝の支度を自分で行い，指示されなくても自分から食事をし，決められた時刻に自ら登校していく，このようなごく当たり前のことが，見通しをもって主体的，目的的にできればいいのです。しかし，実際は，こんな当たり前の基本生活さえ，指示されたり，追い立てられたりしないとできない子どもが多いのです。こんな当たり前のことができない子どもに，生活意欲を高めるためのどんな指導も効果がないことは言うまでもないことです。これは，子どもに問題があるのでしょうか。そうではありません。指導者の姿勢，対応の問題です。見通しをもって，主体的，目的的に行動するような支援が行われていないために，そういう力が育っていないだけなのです。

　学校においても同じです。自分なりに考え，主体的に行動する生活を送っているかというと，相変わらず，指示やさせられる生活が中心です。時に，先生からは，「障害が重いからやむを得ない」という声が聞こえますが，これは論外です。こういう意識を変える必要があります。

　先生方はよく，生活の確立ということばを使います。これはどういうことを言っているのか，どうすることが求められているのか，がわかって言っているのであればうれしいことですが，聞いてみるとどうもそうではないような気がします。単に生活できるようになることが，生活の確立と思っているのです。これでは生活の確立の指導を行っていると言っても，その中身は従来のような指導や訓練を中心とした取り組みですから，説得力はありません。

　生活の確立とは，その子にとってできる，わかる，見通しをもった，主体的，目的的な生活を確立するということです。これは個々により内容が違っていることは言うまでもありません。内容の違いを考慮しながら，個々に応じて，見通しをもった，主体的，目的的な生活ができる体験を積み重ねていくのです。こういう体験が積み重ねられることで，生活意欲が生まれるのです。

1日の生活を例に，生活意欲を育てることについて述べましたが，生活単元学習の実践においても，基本的には変わりありません。生活課題を見通しをもって，主体的，目的的に解決する学習を積み重ねればいいのです。日常生活の指導においても，同じように考えた生活づくりが必要であることは言うまでもありません。

　では，生活意欲を高めるためには，具体的にどういう「生活単元学習」を行えばよいでしょうか。次に述べてみます。

❸ 生活意欲を高める「生活単元学習」とは

　生活意欲を高めるためには，具体的にどういう「生活単元学習」を設定すればよいでしょうか。今後の「生活単元学習」の在り方も含めて，そのポイントを説明したいと思います。以下に示す6点が，重要な設定条件になります。これらは従来からも重視されてきたことですが，内容面の変化に注目してほしいと思います。

(1)　子どもの生活に根ざしたもの

　生活意欲を高めるためには，「生活単元学習」で学習する生活が子どもの生活に合っているかどうかが，何よりも重要です。子どもの生活実態とあまりにもかけ離れているとすれば，たとえ役割や課題を解決できても，生活の質が変わりませんから，生活意欲は育ちません。でも，実際は子どもに合っていない生活を，教師が勝手に設定し，学習を展開しているケースが多く見られます。

　例えば，「七夕祭り」という単元で，子どもたちが自分の願いを短冊に書き，笹に取り付けるという授業を見ました。小学部の低学年の子どもたちでしたので，七夕が何のことか意味がわかっていません。先生が短冊を配って，願いを書くよう指示しましたが，自分の願いを書ける子どもはほとんどいません。中には文字がまったく書けない子どももいます。先生は一人一人から願いを聞き出し，それを紙に書き，子どもに渡しました。子どもは，その手

本を見ながら写すのです。願いが言えない子どもには、先生が願いを勝手に決めていました。文字が書けない子どもには、先生が手を添えて一緒に書いていました。終わると、みんなで笹に取り付けました。子どもは言われた通り行動しているだけです。筆者は、子どもの表情から喜び、楽しみはまったく感じ取ることができませんでした。

　これが、果たして生活に根ざした授業と言えるでしょうか。否です。子どもたちにとって意味のわからない生活体験は、たとえ主体的に行動する場面があったとしても、それは部分に興味を示したにすぎません。意味を理解しての行動ではないため、生活の質を広げることにはならないのです。意味のわからない生活での課題は、生活課題とは言いません。生活に関するドリル学習をしているだけと言えば言いすぎでしょうか。ドリルならば生活を設定しなくてもできます。生活課題とは、生活を自ら進めていく上で出てくる課題のことです。子どもに合った生活でないと、その課題は自ら解決できるようにならないことは、我々が直面する生活課題の解決を考えてもわかります。

　生活に根ざしたとは、子どもにとって意味のわかる生活を設定するということです。先生が設定した生活に子どもたちが合わせる学習でなく、子どもたちの生活に先生が合わせる学習です。子どもたちの生活実態をしっかりと把握した上で、「生活単元学習」を計画するのが基本であると理解しておく必要があります。

(2)　**子どもの興味・関心の高いもの**

　子どもに合った生活を設定しても、子どもが興味・関心を示さない生活であれば、プラスの主体性が引き出されませんから、生活意欲も生まれません。とはいえ、ただ興味・関心があればよいというものではありません。興味・関心のある生活でも、その興味・関心がずっと続くかというと、続かないこともあります。また、最初は興味・関心がなくても徐々に興味・関心を示し、学習が進むにつれて意欲的に取り組むようになることもあります。

　要は、興味・関心があっても、それが持続できなければ意味はないし、興

味・関心がなくても，興味・関心がもてる支援をすることで最終的には興味・関心がもてれば，意味のある学習となるのです。

　実際は，最初から興味・関心のある「生活単元学習」を設定するのはなかなかに難しいことです。しかも，これが，すべての子どもについて，となるとますます難しくなります。理想的には，最初は，興味・関心を示さなかったが，徐々に興味・関心を示し，集団として盛り上がり，「楽しかった」「よかった」「もっとやりたい」と言われるような学習になってほしいのです。言うまでもなく，ここで言う興味・関心は，部分的な対象への興味・関心を言っているのではありません。設定された生活そのものへの興味・関心です。さらには，集団としての活動に対する興味・関心も含みます。

　授業において，子どもの興味・関心は何により決まるかというと，自分たちが取り組もうとしている生活の内容が理解できることと，自分が行う生活課題ができる，わかるものであるかどうか，にかかっています。この２つのことを考えた単元設定と支援ができれば，興味・関心は引き出されるし，持続は可能である，と考えてもよいと思います。

(3) どの子も取り組める活動であること

　「生活単元学習」の授業を見ていると，能力の高い一部の子どもには重要な生活課題が与えられ，能力的に弱さをもっている子どもは，どう考えても生活課題とは言えない，単元を進める上で，それほど必要性や重要性を感じない課題を与えられていることがよくあります。こういう学習は，能力の高い子どもも含めて，生活意欲を高めることにはなりません。なぜならば，集団の質を高めることが期待できないからです。

　例えば，クラスに６人の子どもがいて，２人の子どもが中心となって生活課題を解決しながら進める学習と，６人の子どもがそれぞれ大事な役割，課題を担い，６人全員がそれを遂行することで，みんなで目的に向かって努力する学習とを比べてみてください。どちらが生活の質が高まるかというと，これは言うまでもなく後者です。６人それぞれが役割，課題を果たせば，間

違いなく，お互いがお互いを認めるようになります。役割，課題を果たすという目的的な生活の中で，お互いがお互いを認め合うことができれば集団の質は高まります。

　お互いがお互いを認め合うことができれば，子どもたち同士での認め合うかかわりが自然に増えていきます。これが重要なのです。認め合うかかわりが増えてくると，それぞれの役割，課題への取り組み方，意欲が変わってきます。周りの6人を意識しながら頑張ろうという気持ちが出てきます。こういう集団を育てていくのが，生活意欲を育てる「生活単元学習」なのです。

　とにかく，どの子も取り組める生活課題を設定をするのが「生活単元学習」であると理解しておいてほしいと思います。

(4) 子どもが主体で支援が中心

　「生活単元学習」は，生活の質を高める学習です。生活の質は，子ども主体の生活であってこそ高まるものです。教師主導で，教師が作った生活に合わせて子どもたちを引っ張っていく学習では，どんなに熱心に指導しても生活の質は高まりません。でも実際は，教師が用意した生活に子どもを適応させようとする単元が多いように思います。さらに言えば，先生が勝手に作り上げた生活に子どもを合わせるようにさせようとする単元も見られます。教師の考える生活と，子どもが考える生活には明らかに開きがあるのに，無理やり教師の生活に合わせるようにさせる単元を設定して，果たして，子ども主体の学習ができるようになるでしょうか。なるはずがありません。

　子どもは，子どもが考える生活，もしくは子どもが考えることができる生活でなければ意欲，主体性は生まれません。子ども自身が，思い浮かべることができる，想像できる生活，自分たちで見通しをもって進めていくことができる，創造できる生活が必要なのです。

　「生活単元学習」は，子どもが主体となって活動できる単元，子どもが目的的に，見通しをもって活動できる単元を設定するのが基本です。目的をもって，主体的に活動できる生活を用意する必要があります。教師が勝手に生

活を設定し，その生活の中でどうすれば子どもを主体的に活動させるかに終始するのではなく，子どもが自ら主体的に活動できる生活を設定してほしいのです。これが，「生活単元学習」でねらう子ども主体の意味です。

　「生活単元学習」は子ども主体の生活学習ですから，教師が教えたり，指導したり，指示したりして，引っ張っていく学習ではないことは理解できると思います。子ども主体の生活を維持する学習でもありますから，支援が中心になります。子どもの生活に合っていなければ，教えたり，指導したり，指示したりしなければ学習は前に進みませんが，子どもの生活に合っていたら支援だけで学習が前に進められます。教えたり，指導したり，指示したりしなければ学習が前に進まない「生活単元学習」は，単元の設定を見直す必要があります。

(5) 自ら課題を解決する学習の設定

　生活する中で課題を解決する力は大変重要です。課題を解決する力が身についていない子どもの多くは，させられる生活が中心で，自らする生活ができていない子どもです。言うまでもなく，させられる生活は，生活ではありません。自らする生活が生活です。我々教師が求めなければならない生活は自らする生活です。

　我々の生活を考えてみてください。我々の生活は，自ら課題を解決する活動の連続です。自ら課題を解決する力がなければ生活が停滞し，前に進みませんし，1日の生活が成り立ちません。実際は，そんな生活をしている人はいません。自ら課題を解決する生活が当たり前の生活になっています。ところが，障害のある子どもたちの生活はどうでしょうか。自ら課題を解決しなくても生活が成り立っていることはないでしょうか。朝起きてから寝るまで，指示により動かされて，課題を解決する機会が与えられていないことも多いのではないでしょうか。課題を解決しないでよい生活，指示通りに活動する生活が，当たり前の生活として認知されていることはないでしょうか。これでは生活の質は高まりませんし，人生を豊かにすることもできません。

こうした誤った生活が当たり前として認知されないようにするためにも，「生活単元学習」では，自ら課題を解決する学習をしっかり行い，我々と同じように課題を解決しながらの生活を確立する必要があるのです。我々と同じ生活ができるようになることを求めているのではありません。能力以上の生活を要求する必要もありません。能力相応，年齢相応の生活の中で，主体性を発揮し，課題を解決できればいいのです。これが，本来，「生活単元学習」がねらっていることなのですが，実際は，ねらいとは逆に生活の質を低下させる授業が多いように思います。

　具体的には，課題をこなすための「生活単元学習」ではなく，自分で考えて自分で判断して，自分で課題を解決する学習に切り替えてほしいのです。遅々たる歩みでいいと思います。課題をたくさんこなして多くの活動ができるようになるよりも，時間はかかっても課題を自ら解決して前に一歩ずつ歩む活動をするほうが，どれほど子どもの生活の質を高めるかしれません。

　形よりも中身を重視した学習，すなわち，できることよりも人を育てることを重視した学習を展開してほしいと思います。

(6)　意欲の持続がポイント

　「生活単元学習」は生きる力を高める学習ですから，学習に取り組む意欲が大変重要になります。生きる力は，意欲の高まり，意欲の持続により向上します。具体的には，生きる力は意欲を伴う活動を通して育まれます。学習の始めは意欲的に取り組んでいたが，だんだん意欲がなくなっていった，ということがあるとするならば，この「生活単元学習」では生きる力を育てることができなかったと考えていいと思います。逆に，最初は意欲的ではなかったが，次第に興味・関心を示すようになり，意欲的に課題を解決する取り組みに変わった，とすれば，間違いなく，生きる力が身についたと考えていいと思います。

　「生活単元学習」は，意欲がなくなったときが学習効果がなくなったときと考えなければなりません。そういう意味では，教師の役割は，いかにして

意欲を引き出し，持続させるかにあります。しかしながら，実際は意欲を低下させる指導も多く見られます。

　ある学校の小学部で自分たちで収穫したサツマイモを焼き芋にして食べようという，「生活単元学習」の授業を見ました。焼き芋を食べることができるということで，子どもたちも興味があったのでしょう。学習が意欲的に進んでいました。芋を焼き始めると，おいしいにおいがしてきて子どもたちもできあがりを楽しみにしている様子がうかがえました。お芋が焼き上がり，子どもたちも，いよいよ食べることができると思ったそのとき，先生が上皿自動秤を取り出し，「生の芋と焼き芋とどちらが重いか調べてみましょう」と指示をしました。子どもたちは食べることができると思っていたのに，突然，突拍子もない課題を突きつけられたわけですから，やる気が出ないのは言うまでもありません。不満げな表情で，いやいや量り始めました。しかし，ある自閉症の子どもだけはパニックを起こしました。先生は，それでも指示をして量らせようとしました。しかし，子どもは受け入れるはずがありません。結局，自閉症の子どもは不機嫌で泣き続けていました。何で意欲を削ぐ対応をしたのか，何のための量りだったのか，疑問が残りました。

　先生は「生活単元学習」は領域・教科等を合わせた指導だから，算数や理科的な要素を取り入れなければならないと思ったのでしょうか。いずれにせよ，こういう授業だけはしてほしくないと思います。

4 「生活単元学習」の効果的事例

　ここでは，筆者が見せてもらった「生活単元学習」で，とても参考になると思った授業を紹介したいと思います。

(1) 福井県立嶺南西特別支援学校の事例

　福井県立嶺南西特別支援学校の小学部の子どもたちが行った，「お店屋さんをしよう」という単元を紹介します。自分たちでカレーライスを作り，それを中学部の子どもたちに，お客さんになってもらって食べてもらう，とい

う設定の授業です。

　筆者が何よりも感心したのは，子どもたち一人一人に，思考したり，判断したり，見通しをもたなければならない重要な役割，課題が与えられ，それを子どもたちが，自信をもって，生き生きと主体的に果たす姿です。こういう授業こそが，子どもの生きる力を育むと思いました。

　具体的に授業の展開を説明します。

　中学部の子どもがお金を持って部屋に入ってくると，受付当番の人がお金を受け取り，注文票を確認します。注文票にはトッピングする材料（チーズ，ゆでたまご，ポテトチップス，ウインナー）とふくしんづけが表にして書かれてあり，どれを入れるかは注文する人が〇×で選ぶようになっています。一人一人注文が違いますので，間違いのないように，注文票に色のついたシールを貼り，そのシールのついた座席で待つよう，受付の人がお客さんに伝えます。伝え終わると，注文票をお盆に載せて次の人（ご飯を入れる係）に渡します。受け取った人は，ご飯を器のちょうど半分にていねいに入れます。どうでもよく入れるのではなく，見た目を重視しているところがいいです。いっぺんに多く入れると難しいですから，しゃもじで少しずつ入れ，形を整えています。これもなかなかいい課題が設定されています。入れ終わると，お盆に載せ，次の人（カレーを入れる役割）に渡します。受け取った人は鍋に入ったカレーを杓子でしっかり混ぜ，杓子ですり切り一杯を慎重に入れるのです。これも判断を要する活動です。終わればお盆に載せ，次の人に渡します。次はトッピングです。この係の人は注文票を見ながら，お客さんの希望の品をカレーの中に入れていくのです。お客さんが注文したものと違ったら大変ですから，何度も一つ一つ確認しながら入れています。こういう注意力も重要です。次は，ふくしんづけを入れる係に移ります。ふくしんづけは，いる人といらない人がいます。注文票に×が入っていれば，何もせずに次の人に移します。きちんと判断して行動することが要求されます。いよいよ最後の確認です。お茶とスプーンを入れ，注文票を見ながら内容に間違いがないか，一つ一つ確認をします。間違いなければ，お客さんのところに持って

いく人に渡します。持っていく人は誰の注文かを色で確認して,「お待たせしました」と言って,テーブルに置くのです。

　子どもたちは,お客さんが座っている前で,横一列になって活動するのです。流れ作業ですので,前の人,次の人を意識しながらの活動になります。これも,集団の質を高めるために重要です。お客さんは次々来ますので,結構忙しい活動になりますが,子どもたちは難なくこなしています。むしろ余裕さえ感じられ,食べているお客さんに向かって,「おいしいですか」と尋ねたりするのです。「おいしいです」と言われると,みんなが一斉ににっこりするのです。表情から「よかった」という気持ちが伝わってきます。この学校では,「お店屋さんをしよう」の単元で,パフェを作ったりなど年間を通してさまざまな活動をしていますが,子どもたちにとっては,やりがいのある楽しい活動としてすっかり定着しているように見えました。

　「生活単元学習」は,生きる力,生活の質,集団の質を高める学習であると先に述べましたが,このいずれもを満たす学習が展開できていると思いました。生きる力では,思考,判断,気づき,見通しを伴う主体的行動が出せる学習が設定されていますし,生活の質では,家庭と連携して生活スキルの向上に努めています。集団の質では,協力,協調,仲間づくりが大切にされた学習になっていました。

　この学習のもう1つのよさを挙げれば,してもらう学習でなく,してあげる学習を設定していることです。周りの人に感謝されるという重要な学習を含んでいるところがいいのです。お客さんを中学生にしたことと,お金をもらって販売したのが重要なポイントです。同じような学習で,お母さんに食べてもらったり,先生に食べてもらったりすることがよくありますが,感謝されたときの意識の高さは断然,中学生のほうが上です。学校生活の中でより身近な先輩から「カレーおいしかったよ」などと声をかけられたりすると,意欲が一層出てくるというものです。お金をもらうというのも,責任をもって作るという点で重要なことです。

(2) 京都府立宇治支援学校の事例

　京都府立宇治支援学校の総合文化祭で，中学部1年生が行った生活単元学習「うじ えん JOY－フェスタを成功させよう」を紹介します。
　これは，京都文教大学の学生とコラボする，この学校が重視する地域学習の授業です。手首に付けて鳴らす南米の民族楽器チャフチャスの作り方をお客さんに教え，できあがったらみんなで演奏するという設定です。生きる力を育むことをねらいとした大変いい授業でした。この学習を設定した理由は，子どもたちが大学生に習いながらチャフチャスを自分たちで作り上げ，演奏したのがとても楽しかったので，今度は自分たちがお客さんに作り方を教え，多くの人とともに演奏したい，という子どもたちの要望があったからだ，と聞きました。
　授業の内容は，子どもたちが作成順に配置され，それぞれが自分の割り当てられた役割（作成の仕方を教える）を果たしていけば，最後にはチャフチャスが仕上がっているという展開です。お客さんは，子どもの指示に従って，その通りしていけばよいのです。
　筆者もお客さんになって作成に挑戦しました。まず，最初の人から，チャフチャスについての簡単な説明があり，作成に必要な材料が与えられました。「次に行ってください」という指示がありましたので，移動すると，担当の人から，「○○を持ってここに通してください」の説明があり，手本を示してくれましたので，その通りにすると，隣に移動するよう言われました。ここでも同じように，指示通り課題をこなすと，また隣に移動するよう言われ，順に課題をこなしていると，最後にはチャフチャスができあがっていました。できあがると，作成記念の撮影コーナーがありました。指定された場所に座ると，「いきますよー。ハイ，チーズ!!」の元気なかけ声で写真を撮ってくれるのです。撮った写真は，機械操作の得意な子どもがプリンターですぐに印刷してくれ，渡してくれるのです。子どもたちの対応，指示が実に的確で，楽しくスムーズに作成できました。次々とお客さんに対応する自信に満ちた表情がとても印象的でした。

作成の後，地域の民族音楽サークルのみなさんとアンデスの生演奏を披露したそうですが，ステージでは自分たちが作ったチャフチャスを，客席では，お客さんが作ったチャフチャスを鳴らし，みんなで一体となったすばらしい演奏であった，と聞きました。地域の人を巻き込み，自分たちが最後まで主体となった学習が生きる力を育てると感じました。

子ども一人一人に，実態に合った適切な，重要な役割，課題が与えられていること，与えられた役割，課題を主体的に果たす仕組みが工夫されていること，役割，課題を果たす過程に，思考したり，判断したり，見通したりしなければいけない要素が組み入れられていることなど，「生活単元学習」で重視しなければならない内容をしっかりと取り入れており，とても参考になる授業でした。

(3) 愛媛大学教育学部附属特別支援学校の事例

愛媛大学教育学部附属特別支援学校の中学部の「生活単元学習」の事例です。内容は，幼稚園児を学校に招待して，自分たちが考えたゲームで楽しんでもらう授業です。具体的には，自分たちが主体になって，ゲームを考え，準備をし，ゲームコーナーを開店して，幼稚園児に楽しんでもらおうというものです。

交流学習はどこの学校でも，さまざまな人を対象に行われています。しかし，その多くが相手から働きかけてもらったり，援助を受ける交流です。交流は，してもらう活動と，してあげる活動では意識も意欲も主体性もまったく違ってきます。後者が生きる力につながることは前にも述べました。障害をもっているから，障害が重いからしてもらっても当たり前と考えてはいけません。してあげる活動を当たり前にしていくことが，生活の質を高めます。してあげることが当たり前になってこそ，生きる主体性が生まれるのです。

この授業は，こうした考えに立って，交流が計画されています。いくら障害が重くても，してあげる活動をするほうが，活動への意欲が高まり，頭も働き，判断することも多く，見通しをもって活動できるようになると考えて

いるのです。

　単元の展開は，幼稚園児が楽しめるゲームとはどういうゲームかをみんなで考え，計画を立てることから始めています。どんなゲームなら幼稚園児が楽しめるのか，進行の仕方はどのようにすればよいか，景品はどうするか，などをみんなで検討するのです。ゲームの内容が決まれば，ゲームをするための準備に取りかかります。これにはかなりの時間をかけたようです。時間はかかっても目的がはっきりしていますから，子どもたちは真剣そのものだった，と聞いています。

　筆者が実際に見た授業は，魚釣りゲーム（木で作った魚を釣り上げるゲーム）と射的ゲーム（おもちゃの鉄砲で的に当てるゲーム）でしたが，準備物は幅広く多岐にわたっていました。魚釣りゲームでは，自分たちで糸鋸ミシンで切り抜いた魚を作り，色を塗り，釣れるように金具をつけ，釣竿，景品，メダル，認定証などなど，たくさんの準備物を用意していました。射的ゲームでは的，採点ボード，景品，認定証など，こちらもかなりの準備物がありました。さらには，幼稚園児のやりたいという気持ちを高めるために看板も作っていました。

　このクラスは６名の子どもがいました。自閉症の子どもも多くいましたが，一人一人の子どもの能力や特性を生かした活動が用意されていましたので，ゲームが始まっても，躊躇することなく，みんなが一斉に責任をもって仕事をこなすことができていました。魚釣りゲームが３人，射的ゲームが３人と分かれていましたが，どちらのゲームも，３人がそれぞれの場で確実に自分の活動をこなさなければ成立しません。また，３人が協力し合わなければ，スムーズにゲームが進行しません。そうなったら，幼稚園児も楽しさが半減してしまいます。ところが，子どもたちは自信をもって，てきぱきと活動し，幼稚園児を楽しいゲームへと引き込んでいくのです。先生は一切タッチをしていません。すべて子どもたちだけで進めているのです。幼稚園児が戸惑ったりすることがない，スムーズな運営には，見ていて感心させられました。障害の重さに差がある集団で，こういう学習がりっぱに成立できているのを

見て，子どもたちのもっている力を余すことなく引き出した先生の指導力に感心すると同時に，これこそが「生活単元学習」が求めていることである，と思いました。

　ある先生が，「個々に合わせた課題を設定することは当たり前のことだが，それぞれが自分の課題をこなすことだけに一生懸命になり，集団としてのまとまりを欠いたのでは『生活単元学習』にならない。個の能力を最大限生かしながら集団の質を高めることが重要である」と話していましたが，まさにその通りで，こうした考えを重視して「生活単元学習」が設定されているからこそ，それぞれが力を合わせて，幼稚園児に楽しんでもらうことができたのではないかと思います。

　幼稚園児もゲームコーナーで自由にゲームをすればよいのではありません。子どもたちから指示を受け，やり方を教えてもらい，順番などのきまりを守りながら参加するのです。みんなとっても楽しそうで，早く自分の順番が来ないかと待ち望んでいる様子が印象的でした。それと対照的だったのが子どもたち6人の表情です。みんな，真剣な表情で一生懸命活動しているのです。真剣だからこそ，思考も働き，判断もでき，見通しも立つのでしょう。幼稚園児が相手ですから，すべてがこちらの思い通りには動いてくれません。そんなときでも，しっかりと運営できているのは，子どもたちがゲームの内容をよく理解しているからです。時と場に応じて，思考が働き，判断ができ，活動の見通しも立っているからです。筆者は真剣さがこうした力を引き出している，と思いました。

　この授業は，幼稚園児にとっても，6人の子どもにとっても，充実した，とても楽しい活動でした。幼稚園児は「また，やってほしい」という気持ちを全身で表現していました。一方，子どもたちも「また，してあげたい」という気持ちが芽生えていました。お互いがよかったと思える関係性を築くことができたことはすばらしい成果です。しかも，その関係性が，自分たち主体の前向きな活動により作られた，幼稚園児の期待に応える関係性であるのですから，言うことはありません。この子どもたちは，こうした学習を続け

ていくことで,間違いなく生活の質を高めていくことになるだろう,と信じました。

5 「生活単元学習」とキャリア教育

キャリア教育を取り入れると生活単元学習は,何を,どのように変えていかなければならないのでしょうか。下図によりまとめてみたいと思います。

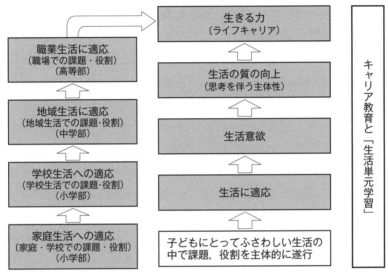

最初にもう一度確認ですが,「生活単元学習」は単に生活を体験する学習ではありません。この子どもたちは,生活を体験するだけでは生きる力は身につかないことがわかっているからです。今までの「生活単元学習」では,とにかく体験が重視され,体験を積み重ねれば生きる力につながると考えられてきました。知的障害の特性を考えると,これは決して間違っているわけではありません。ただ,何を,どのように体験をさせ,積み上げていくかという,目的を明確にした体験でなかったことが,生きる力につながらなかった,ということがわかっているのです。

では,具体的にどういう体験をさせればよいのでしょうか。

「生活単元学習」は家庭生活,学校生活,地域生活,職業生活へ適応する

学習である，と考えてほしいと思います。生活へ適応するとは，先にも述べたように，生活の中で主体的に役割，課題を果たすことができている状態ということになります。

小学部では，家庭生活，学校生活への適応を，中学部では地域生活への適応を，高等部では職業生活への適応を目指すのです。この段階的な積み重ねによる取り組みが，キャリア発達を促進するということでもあります。小学部では家庭生活や学校生活をより豊かにするための「生活単元学習」を設定し，主体的に役割，課題を果たすことができるようにするのです。それが，結果的には，家庭生活，学校生活に適応できる子どもを育てるのです。

中学部では，地域生活を中心とした「生活単元学習」を設定し，地域生活への適応を目指します。

高等部では，職業生活を中心とした「生活単元学習」を設定し，職業生活への適応を目指します。

家庭生活，学校生活に適応できていない子どもは地域生活に適応できませんし，地域生活に適応できていない子どもは職業生活への適応はできません。

このように，発達段階に応じて，生活の幅と質を高めていく学習を積み重ねることが，キャリア教育を取り入れた「生活単元学習」になると理解しておいてほしいと思います。

生活に適応することが，なぜ重要かというと，生活に適応できていない子どもには生活意欲は生まれません。生活意欲がなければ，どんな学習を設定しても生活の質を高めることはできません。生活の質の高い子どもは，自分で考えて主体的に行動する力が身についていますから，生活意欲がますます高められていくのです。生活に適応し，生活意欲を高め，生活の質を高める過程を重視することが，間違いなく生きる力につながる，と理解しておいてほしいと思います。

構造図に示した順序性を大切にした「生活単元学習」を行い，最終的に生きる力を身につけるのが，これからの「生活単元学習」であり，キャリア教育を重視することであるのです。

第4章 キャリア教育の視点を取り入れると「作業学習」はどう変わるべきか

　キャリア教育を取り入れた学習で，最も重要なのが「作業学習」です。「作業学習」は，小学部から積み上げてきた成果のすべてが試される学習であるからです。もし，高等部の先生が適切な指導をしたにもかかわらず，「作業学習」で働く意欲を高めることができないとするならば，小学部，中学部の先生たちは，9年間でどんなキャリア教育を行ってきたのか，しっかりと検証，考察する必要があります。逆に，小学部，中学部の9年間はキャリア教育を重視し，キャリア発達を促進してきたのに，高等部の「作業学習」が適切でないために，成果があがらないケースもあります。この場合は，高等部での「作業学習」の在り方を見直す必要があります。

　「作業学習」は，小学部，中学部の9年間に積み上げてきたキャリア発達をすべて出し切り，職業生活への適応を目指す学習です。単に作業を体験する学習ではありません。キャリア教育の仕上げとなる，まさに集大成とも言える学習であることを，しっかりと認識して，質の高い「作業学習」を行うことが求められています。

　本章では，キャリア教育の視点に立った「作業学習」はどうあればよいか，今までの「作業学習」は，何が問題で，どこを，どう変えていかなければならないのか，質の高い「作業学習」とは，どういう取り組みをいうのか，職業生活の質を高めるための「作業学習」の在り方について，具体的な事例を挙げながら述べてみたいと思います。

　この章で理解しておいてほしいことをまとめると，以下のようになります。

- ・「作業学習」は働くことを体験する学習ではない
- ・職業生活の質（働く力）を高める学習である
- ・職業生活の質を高めるには職業生活に適応することが重要である
- ・職業生活に適応するためには，2つの適応が大切である。1つは仕事への適

応，もう1つは職場の仲間への適応である
・仕事への適応は貢献を実感する「作業学習」を行い，働く意欲を高めることがポイントである
・職場の仲間への適応は，ソーシャルスキルを身につけることがポイントである
・職業生活の充実なくして人生の質の向上はあり得ない

1 今までの「作業学習」とこれからの「作業学習」

　この教育において，「作業学習」が取り入れられた当初は，職業人の育成に視点を当てた，就労のための「作業学習」が展開されていました。職場の要求に応える技能や態度を育てることに重点が置かれていたのです。
　具体的には，職場に似せたミニ工場を学校に設置し，先生が工場長で，子どもが工員といったように，職場と同じようなスタイル，雰囲気での作業が行われていました。とにかく，現実度の高い働く体験をさせることが職場の要求に応えることになり，就労の実現が可能になると考えていたのです。こうした現実的な指導は一定の効果があり，比較的能力の高い子どもは，実際に就労に結び付きました。しかし，大半の子ども，特に障害の重い子どもは就労に結び付くことはありませんでしたので，学校現場では，次第にこうした職業人の育成を目指した「作業学習」の在り方に疑問の声が上がりました。そこで，すべての子どもに有効な「作業学習」の在り方が検討され，就労のための「作業学習」でなく，全人発達を目指す，人づくりのための「作業学習」へと，そのねらいが変わりました。人としての発達，育ちが就労に結び付くという「作業学習」が取り入れられたのです。ただ，今までの現実的な「作業学習」の効果は無視できず，重要であるということから，現場実習が取り入れられました。何も学校で現実的な学習をしなくても，必要ならば，現実そのものである職場を利用して学習をすればよいのではないか，そのほうがより効果的である，という考えです。これが今までの「作業学習」の考

え方の概要です。

　今の「作業学習」はこの流れを引き継いでいるのですが，キャリア教育の視点を取り入れると，より一層充実した「作業学習」を確立できるのではないか，と見直しが求められているのです。学校卒業後の人生の質を高めるためには，全人発達を目指すことを目的とするだけでは十分でなく，もっと学校卒業後，誰もが直面する職業生活に視点を当て，その質を高める学習を考える必要があるのではないか，というのがその理由です。具体的には，働く力，働く意欲を育てるとともにしっかりと職場に適応できる人づくりのための「作業学習」を行い，学校卒業後，より豊かな人生が送れるようにしようとしているのです。職場に貢献し，適応できる人づくりを行う「作業学習」が，職業生活，社会生活を生き抜く力となると考えているのです。

　今までの「作業学習」がよくないのではありません。今までの「作業学習」のよさを生かしながら，学校卒業後の人生の質を高めるという視点で，「作業学習」を見直すことが求められているのです。

2 「作業学習」は働く生活の質を高める学習である

　「作業学習」は働く（作業する）ことを体験する学習ではありません。働くという場を活用して働く意欲など，職業生活に必要な内面を育てる学習です。職業生活への適応を目指し，職業生活の質を高める学習です。通常の子どもであれば，働く体験を通して，内面が育ち，働く楽しさ，喜び，やりがい，働く意欲などを見出すことができるかもしませんが，知的障害の子どもはそうはいきません。働く体験だけでは，働く楽しさ，喜び，やりがい，働く意欲は生まれません。生まれたとしても，それは「作業学習」の場だけの話で，将来の職業生活までつながるかというと，そうではないのです。こうした彼らの特性を考えた「作業学習」が，これからは必要なのです。

　もう一度述べますが，「作業学習」は，働くことを体験する学習ではなく，働くことを通して，働く楽しさ，喜び，やりがい，働く意欲を引き出す学習です。子どもの中には，高い作業スキルをもち，仕事はできるのに働く意欲

に欠け，職業生活の質が低い子どもがいます。一方では作業スキルは低いが，働く意欲が高く，職業生活の質が高い子どもがいます。これからの「作業学習」で求めなければならないのは後者の子どもを育てることです。

　では，どういう「作業学習」を行えばよいのでしょうか。

　具体的には，子どもたちができる作業課題を設定し，それを，ただやらせる「作業学習」ではなく，働く楽しさ，喜び，やりがい，働く意欲を引き出す作業課題を設定することが必要になります。「作業学習」においては，よく黙々と一生懸命することを求めますが，やらされている作業では内面は働きません。内面が働かないのであれば職業生活の質は変わりません。最初はやらされている作業であっても，最終的には，それが自らする作業に変わるようになるのであれば問題ありません。とにかく内面の育ちを伴う「作業学習」を行うのが，これからの「作業学習」です。

　職業生活の質を高めるためには，具体的にどういう学習が必要でしょうか。重要なのは，職業生活に適応できる子どもを育てることです。職業生活への適応は大きく分けて，仕事への適応と人への適応があります。仕事への適応は職業生活に貢献できる力（働く意欲）を育てることであり，人への適応は職業生活に必要な対人的行動（ソーシャルスキル）を身につけることです。

　具体的にどういう学習が必要か，について次に説明をします。

3 職業生活に貢献できる力（働く意欲）を育てる「作業学習」とは

　職場で働くということは，職場で貢献できる力をもっているということです。貢献できるものが何もなければ職業生活は成立しません。何も，すべてで貢献する必要はありません。その子にとってできる貢献でよいのです。職場では，貢献できるから仕事を任されるのです。任されるから働く意欲が出てきます。働く意欲が出てくると，次第に貢献の内容と質が違ってきます。そうすると，もっと多くの仕事を任されるようになり，一層，働く意欲が生まれます。人はこうした循環を経ながら，成長し，職業生活の質を高めていきます。これは障害をもっている人にだけ言えることではありません。我々

も含め,すべての人にとっても同じことです。我々との違いは,貢献の内容と質だけです。職業生活の質を高めていく過程はまったく変わらないのです。

障害のある人の職業生活の質を高めるためには,働く意欲(貢献する力)をどのように高めていくかが,「作業学習」のポイントになります。

では,働く意欲を高めるためには,どういう「作業学習」を設定すればよいのでしょうか。今までの「作業学習」をどのように変えていけば,働く意欲が育つのでしょうか。是非,取り入れてほしいことを事例を挙げながら具体的に述べてみたいと思います。

(1) 存在価値を高める作業

「存在価値を高める『作業学習』を設定する」,これは,これからの作業で最も重視しなければいけないことです。

「作業学習」では,自分は認められている,必要とされている,役に立っている,と感じる作業課題を設定する必要があります。与えられた作業を遂行すればよい,真面目にすればよい,一生懸命すればよい,集中してすればよい,などといった「作業学習」では,働く意欲はいつまでたっても育ちません。

ある作業担当の先生が,「この子は与えられた作業は一生懸命集中してできる。就職しても十分通用する」と自信をもって職場に送り出しました。しかし,実際はまったく職場では通用しませんでした。一生懸命,作業ができたのは就労当初だけで,毎日,同じ仕事の繰り返しだったこともあって,次第に意欲をなくし,とうとう出勤しなくなりました。

「作業学習」で一生懸命作業ができる人が,就労して通用するかというと,そうではないのです。就労するためには,一生懸命作業ができる,というのは重要ですが,もっと重要なのは,どういう意識でできているかです。指示をされているために一生懸命作業をしている意識と,貢献が実感できるために一生懸命作業をしている意識では,一生懸命さが違います。後者は,作業集団の中で自分の存在価値を示すことができていますので,一生懸命さが持

続ができるのですが，前者は違います。先の，職場で通用しなかった子どもは，作業は一生懸命できても，自分の存在価値を見出す作業ができていなかったことが，失敗につながったと考えられます。作業はできても，働く意味ややりがいが，働く生活の中で意識できていなかったのです。

とにかく，「作業学習」では，子どもの存在価値を高めることを最優先した取り組みが必要です。存在価値が高まれば，何も先生が「一生懸命しなさい」とか「集中してやりなさい」などと言わなくても，自らやるようになるものです。こうして身についた一生懸命の作業であってこそ，職場に通用する力となるのです。

では，具体的に，どのような「作業学習」をすればよいのでしょうか。筆者は2つのことが重要だと考えています。1つは「自覚と責任感をもって取り組む作業」，もう1つは「周りの人に認められる作業」です。なぜ，この2つが重要か，指導の実際を示しながら述べてみたいと思います。

(2) 自覚と責任感をもって取り組む作業

「作業学習」において，子どもの存在価値を高めるためには，まず，子どもが自分がやるべきことを自覚し，責任をもって作業をすることができるようにすることが重要です。これからの「作業学習」は，どんな作業ができたか，というよりも，どれだけ自覚と責任感をもって作業ができたかを評価することが必要になります。しかし，実際は，そういうことに目が向いていない先生が多いように思います。その証拠に，先生方の子どもへのかかわりを見ていると，ほとんどが作業ができるようになるための働きかけで，自覚と責任感を育てる，内面への支援はあまり行われていません。評価においても，どういう作業ができたかにポイントが置かれ，自覚とか責任感に視点が当てられることはほとんどありません。こういう「作業学習」では，子どもの存在価値は高められません。

では，どういう「作業学習」を行えばよいのでしょうか。福井県立嶺南西特別支援学校で見た木工作業の例を挙げて説明します。

自覚と責任感をもたせるためには，まずは，子どもたちに任せてできる環境設定をすることです。「作業学習」を見ていると，多くの場合，導入で，教師が一人一人の子どもに課題と目標を伝え，それを遂行するよう指示して作業が始まりますが，この学校では，それがありません。子どもたちが木工室に入ってくると，本時の課題と目標が黒板に示されています。個々に合わせて自分のやるべき作業がわかるようにしてあります。子どもたちは，自分で黒板を確認し，作業場所に自主的に移動し，準備物を用意するのです。どういう準備物が必要かは，ほとんどの子どもはわかっています。わからない子どもは，これも見ればわかるようにカードで示されています。準備が終わると，それぞれで自主的に作業を始めます。先生は3人いますが，先生から声をかけることはありません。先生方はそれぞれが，子どもにかかわることなく必要な仕事をしているのです。先生から指示されて作業をするという雰囲気はまったくなく，また，子どもたちも先生に頼るという気持ちがなく，自分のやるべき仕事をしっかりと自覚しています。作業が始まってもこの雰囲気は変わりません。先生は，相変わらず，製作の一部を担って作業を続けています。子どもたちも「これが自分の仕事である」という自覚と責任をもって作業に一生懸命なのです。こういう「作業学習」こそ理想的です。決して能力の高い子どもたちの集団ではないですが，個々に合わせて自覚と責任感をもたせる学習設定がされているのです。

　筆者が，「もっと，子どもたちに任せて，自覚と責任感を育てる『作業学習』をしましょう」と言うと，「この子どもたちは障害が重いから」とか「任せていたら売れる製品ができない」などと言う先生もいますが，決してそうではないことを，この「作業学習」は示しています。

　作業が終わり，振り返り（反省）の時間になりました。これも，先生が全員を集めて一人一人に反省をさせたりする指導は行いません。自分で責任をもって作業をしたのですから，各自でしっかりと反省をすればよいという対応です。それぞれの持ち場で，それぞれが作業ノートに記録をしていました。内容はよくできたことが中心です。反省はできなかったことを記録するよ

りも，よくできたことを記録するほうが，間違いなく意識がプラスに向かいます。先生方は，子どもたちの反省記録を見て，子どもたちの反省が的確であるかどうかを評価するのです。子どもの評価に沿って，だめなことを指摘するのではなく，よいことを認める対応がされていました。ある先生は，タブレットで撮った映像を見せながら，「反省に書いてある通りよくできているね」と自信をもたせる働きかけをしていました。授業を通して，主役は子どもたちだ，という考えが一貫していました。こんな状態での作業学習が続けば，どの子どもも自覚と責任感は育っていくと感じました。

　こういう状態なら先生がいなくても，子どもたちだけでも作業学習が成り立つのではないかと一瞬思いましたが，先生たちの子どもを生かす対応を見ていて，先生がいるからこそ作業の質や主体性の質が向上している，と改めて感じました。子どもたちは，先生を信頼していましたし，先生に認められる仕事をしようとする意識をもっていました。先生対生徒の関係でなく，仕事を一緒にしている上司ととらえているようにも見えました。こういう雰囲気を先生方が意図して作っているとするのなら，すばらしいことだと思いました。

(3) 周りの人に認められる作業

　自覚と責任感をもって作業をしても，それが周りの人に認められなければ存在価値を向上させることはできません。これについても，福井県立嶺南西特別支援学校で見た木工作業の例を挙げて説明してみます。

　ここでは，木工作業独自に名人検定を実施し，それに合格した人には，名人の称号を与えられることになっています。名人になると，名人バッジと認定証が校長から授与され，名人として木工室の正面に写真入りの額がかけられます。なかなかおもしろい取り組みです。名人という称号が与えられるわけですから，誰でもなれるわけではありません。準備，作業，後片づけなど工程ごとに，かなりのチェック項目が用意されています。一つ一つの項目について厳しく審査され，合格しなければなりません。木工室には2人の名人の写真がかけられていました。1人は卒業生で塗装名人，もう1人は高等部

3年生で切断名人でした。筆者は，実際に2人の名人が活躍している授業を見せてもらいましたが，なるほど名人にふさわしいりっぱな力を身につけている，と感心させられました。

　塗装名人は，高等部3年生のときの授業でしたが，1年生に塗装の仕方を教えている場面を見ました。塗料の性質や分類，刷毛の使い分け，塗り方，後始末の仕方など，プロとしても十分通用すると思える説明があり，また指導の仕方も的確でした。先生でもこれほどわかりやすく教えることは難しいのではないかと思うくらい，実に，後輩に合わせた教え方をしていました。習う1年生も，名人の先輩が教えてくれるのですから真剣そのものです。1年生は名人としての称号が与えられた先輩にあこがれ，3年生の名人は名人としての誇りをもって，後輩に真剣に教える，こうした関係がお互いの存在価値を高めることになると思いました。

　一方，切断名人は，実際に電動丸鋸を使っている作業を見ました。まず，準備物を自分ですべて用意し，安全面をチェックし，指定された寸法に切っていくのです。長さがちょっとでも違うと製品作りに影響しますから，慎重に寸法を合わせます。無駄な切り方をしないように，節や割れをチェックし，上手に切り落としながら作業を進めていくのです。できあがった木が規格に合っているか確かめることも忘れません。作業が終われば後片づけも完璧です。単に名人という称号が与えられているのではなく，名人にふさわしい力がしっかりと身についていました。聞くところによると，名人検定は一度で合格したのではなく，何度も挑戦して，自分で努力を重ねてやっと取ったものだということでした。ただ作業をするのではなく，検定に合格するために日々の作業を真剣に行い，自身でレベルアップしていこうとする意気込み，姿勢はすばらしいと思いました。こういう，目的と目標をもった「作業学習」こそが，これから重視されなければならないのです。

　この名人検定は，他の「作業学習」についても行っていこうと計画を進めていましたが，今後，真の働く意欲をもった子どもが実社会に育っていくのではないかと期待をしました。

(4) 真剣さを重視する作業

　働く意欲があるかどうかを確かめるために，1つの目安となるのが真剣さです。真剣さの評価は作業そのものでなく，目に注目してほしいと思います。真剣な目をして作業に取り組んでいれば，働く意欲が育っていると考えてもいいと思います。与えられた作業は何とか遂行するが，よそ見をしたり，手元を見ていなかったりする子どもがよくいますが，これは働く意欲に欠けると考えなければなりません。真剣さは，能力や障害により影響されるものではありません。障害が重くても，多くの作業量はこなせないが，一生懸命手元を見て，時間いっぱい集中して作業に取り組むことができる子どもがいます。こういう子どもを育てることが必要なのです。

　いずれにしても，これからは，子どもの真剣な目に注目して作業学習を計画，展開すべきです。重要なのは，真剣な目をして取り組むことのできる作業課題をしっかりと設定することです。具体的には，作業課題を考えるとき，子どもが真剣な目をして取り組むことができる作業であるかどうかを，個々の実態に応じて検討するのです。

　筆者が授業を見ていて，これだけはしてほしくないと思うことがあります。それは，「この子は重度だから，できることが限られる，唯一できるのは，ペーパー磨きぐらいである」などといった安易な課題設定をしているケースです。確かに，ペーパー磨きなら誰でもできそうに見えます。しかし，これほど難しい作業はないのです。磨く動作ができるだけでは，磨く作業はできません。どこを，どのように磨き，どのように仕上げればよいかの見通しをもつことができなければ作業になりません。ただ単にできる作業を与えればよいのではないのです。目的がわかり，真剣にできる作業を与えることが課題設定で重要なところです。これができていなかったことが，今までの「作業学習」で働く意欲を育てることができなかった原因の1つではないか，と考えられます。

　できる作業であっても，真剣な目をして取り組むことができなければ作業する意味はないし，働く意欲は育ちません。これは，実際に子どもの作業を

見てみると，よくわかります。磨く作業はしていても，どこをどう磨くのか，どうなれば仕上がりなのか，わからないまま手だけ無目的に動かしています。こんな作業をどれだけ続けても働く意欲は育たないことは，誰でもわかることです。むしろ，こんな作業を続けていたら働く意欲が減退するのではないかと心配になります。ペーパー磨きを与えるならば，作業の目的と，自分が果たすべき役割が理解できている子どもにさせるべきです。そうすれば，真剣な目をして作業に取り組むことができます。磨き作業は，磨き作業に適した子どもにさせると効果的です。単純な作業の中で，真剣にすることの大切さを学ぶことができますから，より質の高い働く意欲が育つのです。

　障害の重い子どもには，こうした磨き作業を与えるのではなく，真剣な目をしてやらないとできない，機械作業などを与えると有効です。事例を挙げてみます。

①　愛媛大学教育学部附属特別支援学校の木工作業での事例

　愛媛大学教育学部附属特別支援学校の木工作業（中学部・高等部合同作業学習）は子どもの特性を生かし，それぞれが主体となって，真剣に取り組むことができる学習が展開されています。何と言っても評価できるのは，子どもたちの作業に取り組む積極姿勢を引き出していることです。特に目の輝き，真剣さには感動します。働く意欲が子どもたちの作業態度から自然に伝わってきます。木工室にある機械は安全面で注意を必要とするものもありますが，子どもたちがフル活用しています。他の学校では危険だと言ってさせない機械でも，子どもたちが当たり前になんなく使いこなしています。真剣な目をして取り組んでいますので，見ていても危険性を感じません。子どもたちが真剣に作業に取り組むことができるようにするには，それなりの工夫や配慮が必要であることは言うまでもありません。

　障害の重い，中学部3年生の子どもが，ならい加工機（教育学部の技術科講座の先生が開発，手作りしたもの）で，愛媛大学ブランドのシンボルマークを削っていました。この加工機は枠内でルーターの刃先を動かせば，誰で

も完成品ができるという優れものです。失敗することはありません。障害の重い子どもに機械を使わせようとしたら，こうした機械を開発する必要があります。これを任された子どもは，機械作業ですし，りっぱな製品ができあがるのですから，否が応でも真剣になります。ルーターの刃先を真剣に見ながら，ていねいに削っていくのです。長時間の作業になりますが，真剣さがずっと続きます。こういう作業設定をすれば，間違いなく貢献は実感でき，働く意欲は育つと思いました。この子のすぐ側で，高等部3年生で，学校でも特にしっかりしている子どもが，この子が仕上げていたシンボルマークをサンドペーパーで磨いていました。木工作業では，能力の高い子どもが機械作業をして，障害の重い子どもが磨き作業をしていることが多いですが，ここではまったく逆でした。障害の重い子どもが機械を使い，能力の高い子どもが磨きをしているのです。これも大変よい設定だと思いました。機械作業は誰でも真剣になれる作業です。また，真剣にならないとできない作業です。それに比べて，手で磨く作業は自らの意思で真剣さを出さないとできない作業です。磨きの重要性を理解できていないとできない作業です。それぞれの子どもの能力に合わせて意識や意欲，主体性の質を高めていこうとする設定になっているところが高く評価できます。こうした「作業学習」を設定してほしいのです。

　聞くところによると，中学部3年生の子どもは，高等部3年生の先輩を尊敬しているということでした。あこがれの先輩が自分が作ったシンボルマークをていねいに磨いてくれ，りっぱな製品として仕上げてくれるわけですから，やる気が一層出るというものです。こうした，先輩，後輩の関係性を重視した配慮も重要だと思いました。作業終了後に，中学部3年生の子どもが，高等部3年生の先輩に，自分の作業のでき具合を「どうでしたか」と聞いていましたが，なかなか見ることができない光景です。お互いが認め合い，高め合っていける関係性を重視した作業ができれば，子どもの働く意欲は必ずや育つと感じました。

② 高知県立山田養護学校の鉄工作業の事例

　高知県立山田養護学校は，作業種目としては全国でも珍しい，鉄工作業を取り入れています。鉄筋や鉄板を切断，折り曲げ，研削，研磨，溶接などの加工を行い，ペーパーウェイトやローソク立て，雑巾掛け，傘立てなどを作っています。筆者は実際の作業を見せてもらいましたが，子どもたちが先生のお手伝いをしているのではなく，自分たちが主役となって，真剣な目をして作業に取り組んでいる姿には感心させられました。安全面に対する配慮はかなり必要ですが，この子どもたちにとっては働く意欲を高めるために，なかなかいい，おもしろい作業種目だと思いました。すべての作業が，真剣にならないとできないのが最大の特徴です。

　鉄筋を機械で切断する作業は，寸法がきっちり合わないと製品作りに影響します。切断速度を調節しないとうまく切れません。火花が飛び散る中での作業ですから，おのずと真剣になります。先生は子ども以上に真剣そのものです。真剣に作業をしなければいけない雰囲気がありました。子どもは，先生から指示された安全性のチェックを一つ一つ大きな声を出し，確認しながら切断をしていくのです。鉄工所に来ていると錯覚するくらいです。

　次は，切断された鉄筋を電気溶接して組み立てます。これは，特に安全面については配慮が必要ですし，また高度な技術のいる作業ですので真剣さは切断以上です。最初に，先生が，子どもたちに手本を見せていました。溶接棒と鉄筋との微妙な距離が重要なようで，距離が近づきすぎると溶接棒が鉄筋に接着してしまいます。また，離れすぎると溶接棒が溶けませんから溶接ができません。筆者の見る限りでは，かなり難しい作業でしたので，とても子どもには無理ではないかと思いました。しかし，先生はできるようになると信じていたのでしょう。子どもの手に先生の手を添えて溶接をし始めました。見ていて，子どもも先生も真剣勝負の作業をしていると感じました。先生は真剣ですし，子どものほうはもっと真剣です。必死で作業を行っているように見えました。真剣にならなければいけないという意識があるからこそ，高度な技術もクリアするのでしょうか。授業が進むにつれて1人で次第に溶

接ができるようになっていくのです。こういう作業を見ると，おそらく多くの先生が，こんな危険な作業をさせなくてもいいのではないかと思うかもしれません。しかし，筆者は逆に，こういう作業だからこそ真剣さが生まれ，安全面に自分から配慮できるようになるのではないかと思いました。現に，先生に話を聞いてみると，何十年もこの作業を行っているが，けがをしたことはない，ということでした。それよりも，むしろこの作業を通して，子どもたちの働く意欲が確実に育ってきた，という話に納得させられました。子どもたちは，何としてでも溶接ができるようになりたいという意識が高いという話も印象的でした。

　溶接で組み立てられた製品は，今度は機械のサンダーで磨き，溶接屑を落としていくのです。これもまた真剣さを要する作業です。機械のサンダーは常に回っています。よそ見をしていたら，削ってはいけないところが削られます。火花も出ますので油断できません。よい製品を仕上げるためには，磨きにかかっている，と言っていましたが，子どもたちはその自覚があるように感じました。

　午前中，約3時間（途中休憩あり）続く作業です。見ているほうからすると，子どもたちはかなり疲れているのではないかと思ったのですが，そうではなく，作業が終了したときには，むしろさわやかな表情をしていました。真剣にし続けた作業だからこそ，充実感を感じていたのでしょう。先生にとっては大変な「作業学習」ですが，真剣さが働く意欲を高めることを再確認できた授業でした。

(5) 量よりも質を重視する作業

　「作業学習」において，作業量をたくさんこなしたときと作業の質を上げたときとでは，どちらがより貢献を実感し，働く意欲を高めるでしょうか。言うまでもなく後者です。作業の質が高く，作業量をこなすことができれば申し分ないですが，知的障害の特性からするとよほど得意なことでない限り，作業量で一般の人と同じにできるようになるのは難しいのです。しかし，作

業の質はどうでしょうか。作業量を考えないのであれば，一般の人以上にできる可能性があります。職場で働くためには，1人で質の高い作業ができることは，最低限クリアしなければならない，と先に述べました。これをクリアする前に作業量に視点を当てた指導をすると，作業量はある程度こなせるようになったものの，作業の質が低いために就労に結び付かない，ということも出てきます。職場の多くが，作業量よりも作業の質を重視していることを知っておいてほしいとも言います。

　ところが，今までの「作業学習」では，作業の質よりも作業量を重視する傾向にありました。せっかくできた製品なのに，その質が低いことも多々ありました。質が低くても，販売会では，彼らが一生懸命作った製品だという温情もあり，売れていましたので，あまり質は気にならなかったかもしれません。しかし，質の高さが働く意欲を育てるのであれば，これからの「作業学習」を見直す必要があります。質の高い製品で，堂々と勝負していく「作業学習」に切り替えていかなければならないのです。具体的には，ブランド化を目指した「作業学習」をしてほしいのです。実際に成果をあげている学校がありますので，紹介します。

　岡山県立誕生寺支援学校の高等部では，作業の質を上げることを第一に考え「作業学習」に取り組んでいます。「買ってほしい」と言わなくても「是非，買いたい」と言われる製品作りを目指しています。備前焼の陶芸では，規格に合わない製品は売らない，と徹底しています。こうした意識は子どもたちにも浸透し，よいものを作ろうと真剣そのものです。こうした「作業学習」が展開できれば，おのずと働くことの意味や働く意欲は出てきます。

　園芸班では，パンジーを3000鉢ほど作っていると聞きましたが，市販されているものに負けないものを作ろうと，土作りから力を入れ，株の張った見事なパンジーを作っています。第1章でも述べたアンテナショップで販売していますが，販売日には行列ができて，あっという間に売り切れると聞いています。お客さんからは，「大きな株になり，花がいつまでも長く咲く」と，大変高い評価を受けているそうです。土も販売していますが，誕生寺ブラン

ドとして売れているのです。実は，筆者も買ってきて鉢に植えましたが，花の広がりが市販のものと比べてまったく違っていました。こういう，質の高い，どこに出しても負けない製品作りの作業学習が，これからは求められているのです。

　高知県立山田養護学校でもブランド化を進めています。農耕作業で大根を作っていますが，化学肥料は使わず，無農薬で栽培をしています。虫はピンセットで一つ一つ取っていると聞きました。数は千本単位ですから本格的な農耕作業です。化学肥料は使わないのですから土作りも大変です。しかしながら，みんなで協力して，手入れをしっかりし，りっぱな大根ができているのです。大根は山田ブランドとして青果市場に出荷しているそうですが，青果市場に出荷していると聞けば，いかにりっぱな大根ができているかがわかると思います。筆者は，収穫をして，近くの商店街に販売にいく授業を見せてもらいましたが，収穫して，すぐにきれいに洗い，一輪車に載せて，それぞれが販売に行く，その手早さに感心しました。自分たちで育てた大根に自信をもっているからでしょう。販売日を心待ちにしてくれている人も多いと聞きましたが，あっという間に完売して帰ってきました。こんな体験をすると農耕作業にも意欲が出るというものです。今まで，いろいろな学校で農耕作業の授業を見ましたが，どちらかと言えばやらされている作業が多く，子どもたちの働く意欲をあまり感じませんでした。しかし，この学校のように，ブランド化するという目標をもって作業をすれば，働く意欲は自然に育ってくる，と思いました。

　沖縄県立八重山特別支援学校でも，質に力を入れた「作業学習」が展開されていました。園芸作業では，たくさんの野菜や花の苗を育て，販売していますが，農家の人が買いにくると聞きました。これを聞けばいかに質の高いものを作っているかがわかると思います。実際に作業現場も見せてもらいましたが，子どもたちの，実にていねいな作業活動を見て，よいものを作ろうとする意識が伝わってきました。このように，誰からも求められる質の高い本物を作る作業が，子どもたちの真剣さを引き出し，働くことの大切さを学

びとると同時に，働く自信を育てていくことになるのです。

　福井県立嶺南西特別支援学校の窯業作業では，カフェやホテルからコーヒーカップや皿などを受注するほど，子どもたちが作った製品が高く評価されています。製品には山桃の印を押し，山桃工房という名で製品を販売し，ブランド化を進めています。筆者も，授業を参観しましたが，デザインもさることながら，仕上がり具合の質の高さが特に目に留まりました。作業の目標が「仕上がりは美しく」ということで，使う人のことを意識して，どの工程も実にていねいに作業が行われていました。ただていねいに作業をするというのではなく，仕上げを美しくするための評価表が各工程ごとに作られ，子どもたちはそれを見ながら仕上がり具合を確認し，作業を進めるのです。カフェやホテルから注文がくるのも当たり前だ，と思いました。子どもたちは，実際に使っているカフェやホテルに行って，食事などをして，自分たちのした仕事の重要性を確かめ合ったりしているそうですが，こういう学習が働く意欲を高め，存在価値を高めていく，と思いました。

(6) 就職したいという意欲を高める作業

　「作業学習」で求めなければならない働く意欲は，単に意欲的に作業ができることを目指しているのではありません。就職したいという意欲を育てることが目標です。もちろん，「作業学習」においては意欲的に作業をすることが当面の目標ですが，それで満足してはいけません。最終的な目標は，就職したい，職場で働きたいという，意識，意欲を育てることです。今までは，「作業学習」で意欲的に働くことができれば職場でも十分通用すると考えられてきましたが，実はそうではないことがさまざまな就労事例からわかってきています。

　ある子どもは，「作業学習」の場では意欲的によく働き，就職しても活躍するのではないかと言われていました。ところが，就職してみると3か月と続きませんでした。原因を調べてみてわかったことが2点あります。

　まず，1つ目は，学校での働く生活と，職場での働く生活に大きなギャッ

プがあったことです。学校では，何でもよくできる子どもであったため，教師の補助者としての役割を与えられることが多く，また，それが1つの自信となり，楽しく，意欲的に働くことができていました。しかし，職場はそうはいきません。職場では補助者としての役割が与えられることは，まずありません。与えられた役割，課題を意欲的に遂行することが求められます。教師と密接にかかわりながら働くことができた学校と違って，1人で質の高い作業をすることが必要になります。それでも最初のうちは一生懸命頑張っていたのですが，長時間働き続ける毎日で，しんどさだけが残り，次第に意欲を失っていきました。学校での「作業学習」では教師にとっては便利な存在だったかもしれませんが，働く力を育てるということを考えると，その対応に問題があったのは言うまでもありません。子どもが教師の補助をするのではなく，教師が子どもの補助をする関係であればもう少し違っていた可能性があります。働く意欲は，子どもが主体となった働く活動を積み重ねなければ育つものではないのです。

　このケースでは，教師との関係の中で生まれた，どちらかと言えば前向きの働く意欲ではなく，心地よさからくる働く意欲だったのではないでしょうか。職場で働くために必要な働く意欲ではなかったのです。職場で必要な働く意欲は，自分が主体的に行った作業に対して，自信と誇りをもつことにより生まれるものです。教師と一緒に取り組む作業よりも，任された作業を自分でやり遂げて，それが周りの人に評価され，認められる「作業学習」を行うべきだったのです。

　第2は，この職場で働きたいという強い意思が示されないまま就労したことです。職場で働きたいという意思は，この子どもたちの就労を考えるとき，最も大切にしなければなりません。それは就労維持にかかわるからです。

　実際に，こうした意思の低い子どもほど，職場で適応できず離職していることが多いのです。重度な子どもだから，意思が確認できない，などという人もいますが，決してそうではありません。ある知的に重度な自閉症の子どもは，何度か現場実習に出ましたが，なかなか適した作業が見つかりません

でした。しかし，保護者からの連絡で，タオルたたみなら質の高い作業が1人でできるということがわかり，リネン会社に実習に行くことになりました。大量のタオルに囲まれて毎日たたむ作業をするのですから大変なのですが，本人はむしろ大量に作業がある，誰からも指示されなくてすむ環境が大変気に入り，学校では見られないような意欲的で素早い作業ができたのです。何が，意欲をかきたてたかというと，自分が1人でした作業が周りの人に認められたことです。学校では，単発的な作業が多く，指示をされ，注意を受けることが常だったのですが，職場ではそれがまったくありません。それどころか，自分がした作業を上司の人が高く評価してくれるのですから，意欲も出ようというものです。実習は3週間でしたが，本人から，「もっとここで働きたい」という訴えがあり，実習を延長し，最終的には就労までこぎつけました。今もずっと意欲的に働き続けています。重度な子どもでも，職場で働きたいという意欲を引き出すことが，将来の働く生活の質を高めるためにも重要であることを教えられた事例です。

　職場で働きたいという意欲は，職場で働く体験（現場実習等）を通して，職場で働くことに自信をもつことで生まれます。自信をもつためには，少なくとも，職場で1人で質の高い仕事ができる体験をすることが必要です。職場で1人で質の高い仕事ができるようにするためには，学校での「作業学習」で，1人で質の高い仕事ができる状態にする必要があります。学校で質の高い仕事ができない子どもが，職場で質の高い仕事ができることはないのです。

　先生方は，「作業学習」場面で，どのようにすれば子どもたちの働く意欲を高めることができるのか，だけを考えようとします。もちろん，それも大事ですが，もっと将来の職業生活に目を向け，職業生活に通用する働く意欲を育てるにはどうすればよいかを考えてほしいのです。

(7) 自己評価を取り入れた作業

　「作業学習」の授業を見ていると，子どもがした作業の評価は，ほとんどが教師がしています。授業の最後に行う反省会では，教師が一人一人の子ど

もに「○○さんはここが大変よくできましたが，ここがもう少していねいにできるといいですね。次回は頑張ってください」などの評価をします。これがどれだけ，子どもの心を動かし，次回の作業に生きているかというと，言うに及ばずです。ほとんど生きていることはないと思うのですが，どうでしょうか。「毎回，同じことを言っている気がする」という話も聞きます。

　今一度，評価は何のために行うのかを考えてみてください。ある先生は，「授業には評価・反省はつきもので，当たり前のようにしている。何のためかと言えば，頑張りをほめることで，作業の質を高めたり，主体的に取り組んだりできるようにすることをねらっている」と言われました。評価が作業の質や主体的行動の質を高めるために重要であることは，筆者も認めます。問題は，どういう評価が作業の質や主体的行動の質を高めることになるのか，ということです。少なくとも，教師の評価では高まることはないと思うのですがどうでしょうか。作業の質や主体的行動の質を高めるために必要な評価は自己評価です。自分が行った作業を自分で評価できる子どもと，そうでない子どもとを比較，観察してみてください。間違いなく，自己評価できる子どもほど作業の質も主体的行動の質も高いことがわかります。逆に言えば，自己評価できない子どもは作業の質も主体的行動の質も低いということです。我々が作業をすることを考えれば，これは当たり前のことで，容易に理解できます。我々が作業する場合は，作業課題の達成に向けて，一つ一つの課題がクリアできているかどうかを自己評価しながら作業を進めます。自己評価できるから作業の質が上がり，自信をもって主体的に行動できるのです。我々が，誰かに評価されながら作業をすることを考えてみてください。誰かに評価される作業は意識が高まりませんし，働く意欲も出てきません。自己評価なくして，作業の質も主体的行動の質も高めることは難しいのです。

　では，教師は何の評価もしなくていいか，というとそうではありません。教師が評価をするとすれば，子どもが自己評価できるようになるための評価と自己評価の質を上げるための評価の在り方を考える必要があります。

　これについては，具体例を挙げて説明したいと思います。

① 改善すべき事例

　ある学校で,「作業学習」を見学したときのことです。子どもたちにはそれぞれに作業課題が与えられ, 一定の作業量ができあがれば, 先生のところに報告に行き, 評価してもらうという展開になっていました。報告に行く場所も設定されていました。ある子どもが, できあがった製品を持って先生のところに行き,「先生, できました」と報告しました。先生はその場で一つ一つ製品をチェックし,「これができていないから, 直してください」と指示をしました。子どもは「はい」と返事をして自分の席に戻り, 直し始めました。できあがると報告に行くことを何度か繰り返し, ようやく先生からOKが出ました。

　これは, どこの学校でも, 結構行われている指導ではないかと思いますが, どうでしょうか。こういう指導をいくら繰り返しても, 自己評価ができるようにはなりません。作業の質や主体的行動の質は高まりません。「作業学習」は1人で質の高い作業をする, すなわち貢献するのが仕事です。貢献を実感することが重要になります。貢献の実感は先生にできばえを見てもらって生まれるものではありません。自分でできばえを判断できるようになったときにこそ生まれるものです。

　では, 具体的にどのように改善すればよいでしょうか。

　まずは, 子どもが努力すれば, 1人で質の高い作業ができる課題を与えることです。こういう課題でなければ, 自分で評価しようとする意識は生まれません。

　次は, 個に応じて自分で評価できる工夫をすることです。質の高い製品見本を提示し, 自分の製品と見比べながら作業をするのもいいと思います。子どもがいつも失敗するところがわかっているのであれば, 失敗製品を見本とするのも効果的です。こうした工夫も, 作業が始まる前に, 自己評価しながら質の高い製品を自ら仕上げていくという意識をもたせることができていなければ意味がありません。導入時に行わなければならない重要な学習です。また, 反省会ではそれぞれが自己評価してできあがった製品をみんなで評価

し合い，認め合えばいいのです。先生は，それぞれが自己評価しながら質の高い作業ができたことをほめればいいのです。子どもはきっと自信をもち，次にはもっと自分で質の高い作業をするよう努力するようになるでしょう。こういう自分自身で作業の質，主体的行動の質を高めていってこそ職場で通用する生きる力につながるのです。

　授業の改善に向けて，次の2点の課題について考えてみます。

＊「作業学習」で報告が必要か＊

　「作業学習」では，報告を重視している学校が多いですが，報告は必要なのでしょうか。少なくとも先に述べた事例のような報告は必要ありません。何のために報告を重視しているかを考える必要があります。「職業生活を送る上では報告が基本である」という人もいます。筆者もその通りだと思います。ただ，何でも報告すればいいのではありません。報告の重要性を理解した報告が求められていることを忘れてはなりません。

　ある職場の方が次のように話されました。

　「職場では報告は必要である。ただ，何でも報告すればよいのではない。最低してほしい報告は，失敗したときの報告である。失敗してもそのままの状態で，製品として流通すると，多くの方に迷惑がかかり，会社の信用にもかかわる。うまくできているときの報告はいらない。報告する暇があるなら，自信をもってどんどん仕事をしてほしい。無駄な時間はできるだけ使わないようにすべきである」。

　どうでしょうか。筆者もその通りだと思います。学校でも，こうした報告が必要ではないでしょうか。失敗を報告するためには，自己評価ができなければなりません。規格に合った製品か，そうでないかを自分で判断できなければ，失敗の報告はできません。

　失敗を報告できる子どもを育てるためにも，自己評価できるようにしておくべきだと思います。

＊導入と反省は必要か＊

「作業学習」は，どの授業を見ても，まず，導入の時間があります。10分ぐらいとっている場合もあります。内容は，一人一人について作業課題を説明し，気をつけることを指示するのが一般的です。子どもたちに，本時の目標を発表させているところもあります。実際に導入の様子を見ていると，真剣に聞いている人はあまりいません。このような導入がいるのかな，と思ったりすることがたびたびです。やるのであれば，もう少し目的を明確にする必要があります。基本的に導入は，自分の作業課題がわかり，意欲的に取り組めるようにするのが目的ですが，先生方がそういうことを意識して導入を行っているかとなると，やや疑問に思います。10人の子どもがいて，1人に1分の説明をするとします。すると全員で10分かかります。個人に焦点を当てると，学習の機会はわずか1分です。9分間は，子どもにとっては他人事です。関心もありませんから，真剣に聞かないのも無理はありません。まさに作業する時間がもったいないと言えば，言いすぎでしょうか。

ある学校で，高等部の「作業学習」を見ました。導入では，一人一人に本時の目標を発表させていました。先生が，「今日の目標を発表できる人」というと，みんなが一斉に手を挙げました。一人一人当てて，発表させるのですが，みんな作業日誌に書いてある目標を読んでいます。最後に当てられたのは文章を読むことが苦手な子どもでしたが，先生が日誌に書いてある目標の文字を指さして一字一字読ませているのです。目標を意識するというよりは読むことが目的になっています。目標の発表が終われば，先生からの「今日の作業を頑張りましょう」というひと言で作業が始まりました。

筆者は，子どもたちがどれだけ発表した目標を意識して作業を行っているかを観察しました。誰一人として，目標を意識して作業をしていませんでした。具体的な目標は挙げていましたが，実際は，そんなことには関係なく作業が進められていました。せっかく目標を設定したのであれば，導入の時間にしっかりと意識させ，子どもたちが目標を意識しながら作業をすることができれば作業の質が上がるというものです。目標を意識して作業が終了でき

れば，最後の反省会にも生きてくるのです。自分が意識して行った作業結果を発表すればよいからです。

　自己評価ができるようにする導入を計画すれば，子どもたちも導入の重要性が理解でき，他人事ではなくなります。

　導入の時間はとらずに，導入の内容を個々にさせている学校もあります。先に，福井県立嶺南西特別支援学校の木工作業について説明しましたが，愛媛大学教育学部附属特別支援学校の木工作業についても同じことが行われており，成果をあげています。

　愛媛大学教育学部附属特別支援学校の「作業学習」は，中学部と高等部の合同作業です。全国的にもあまり例のない取り組みです。キャリア教育の視点で考えれば，６年間で働く意欲を育てていくという「作業学習」は大変効果的で，中学部，高等部で別々に作業学習をしていたときと比べ，働く意欲の質が間違いなく向上しています。

　この学校での導入は，自分自身が，今日の作業と目標（留意点）を確認し，機械の設定や道具や材料を準備する時間と位置づけています。先生が一人一人に説明をするのではなく，子どもが自主的に活動できるように配慮がされています。導入は作業の重要なスタートと位置づけています。主体的に作業課題を確認し，主体的に目標を設定し，主体的に作業の準備をし，主体的に作業を始めることが働くことである，と考えているのです。先生から説明を受け，指示されても，その通りに動けない子どもはたくさんいますが，こうしたことをなくす上で，この導入は大変効果があったと聞いています。指示されて作業するのが働くことではなく，指示されなくても主体的に作業をすることが働くことであるということを，認知できた子どもも多くいるのです。何でも自ら行動するプラスの意識を育てなければ職場では通用しませんし，働く意欲も育ちません。「作業学習」に限りませんが，これからの教育はプラスの意識を育てる環境をどう設定するかが大変重要です。

　では，具体的にどのようにしているか，を説明をします。

　まず，仕事は，遊びではない，真剣に，緊張感をもってすべきである，と

いうことを認知させるために，木工室に入った瞬間から授業がスタートします。木工室に足を踏み入れる前には，必ず帽子を取って「よろしくお願いします」と大きい声であいさつをします。教師は入り口で出迎え，同じようにあいさつをします。できていなかった子どもは，先生から「やり直してください」の指示がありますので，木工室から出てやり直します。高等部の先輩たちがきちんとあいさつのモデルを見せてくれますので，中学部1年生でも早くからできるようになります。木工室に入れば，出席の印を押して，自分の今日の仕事の確認をします。作業内容や作業に必要な材料や機械，道具の準備が主体的に行えるよう作業カードが用意されており，それで各自が確認します。服装のチェックも，各自でチェック表により行います。本時の目標は，子どもたちが意識できるような具体的な内容が示されています。ここまでが導入です。これができた人から，各自で作業がスタートとなります。

　反省会は子どもたち同士でグループごとに，グループのリーダーを中心に行います。質の高い作業ができたかどうかに，ポイントが置かれています。そのために自らがどういう努力や判断をしたかを発表し，お互いが認め合います。高等部の先輩が中学部の子どもの作業について，具体的に評価をしたりするのです。このときの中学部の子どもの表情は，先生に評価されたときとは比べものにならないくらい真剣です。教師の役割はタブレット等で撮った映像を見せ，子どもたちの反省会をより確かなものにしていくのです。

　このように，導入も反省も将来の働く生活に生きる学習にしていく必要があります。

② 高知県立山田養護学校の布工作業の事例

　この学校の布工作業では，飲食店等で使うしゃれたオリジナルのエプロンを作っています。製品の質は高く，評判のエプロンだと聞いています。

　授業を見学したときのことです。第1に目についたのは，黒板に書かれている作業を進めていく上での目標で，以下の3つです。

- 自分で判断する

- 友達と相談する
- 先生に相談する

　自己評価を重視した目標が設定されており，感心しました。先生からは，仕事は自分で判断して進めることができなければ仕事にはならない，という考えに基づいている，と聞きました。実は，この「作業学習」では，個々に応じて責任をもって取り組まなければならない作業課題が設定され，しかも，自分で判断しなければならない課題がたくさん用意されていました。授業中，教師の指示や働きかけはまったくありません。子どもたちは8人いて，先生は3人いましたが，子どもと先生との垣根は感じず，11人で協力してエプロンを仕上げようという一体感を感じる集団でした。先生を含めた11人がそれぞれ役割，課題を遂行しているのです。それぞれが重要な仕事を担っており，まさに自分の力が試されているといった雰囲気でした。

　ある子どもが，エプロンに使う布の組み合わせ方で迷っていました。自分1人でいろいろ布を置いてみて，思案していました。どうしても自分で判断できなかったのでしょう。側にいた子どもに相談しました。2人で考え，ようやく布の組み合わせが決まりました。でも自信がなかったのか，先生のところに相談に行きました。先生は「それでいいよ」などといった結論は出しません。子どもの意見を尊重しながら，アドバイスをするだけです。最終的には，子どもが自ら結論を出すのです。黒板に示された3つのことをしっかり守り，自己評価できる子どもを育てる学習が展開している，と感じました。

　高等部1年生のある子は，ミシン作業が与えられていました。個人目標を見ると，「糸通しが1人でできる」と書かれていました。真剣な顔をして一生懸命，糸を通していましたがなかなかうまくいきません。それでも，目標を意識していたのか，何度も挑戦していました。しかし，何度やってもうまくいきません。困ったこの子は，隣でミシンで縫っている高等部3年生の先輩に「すみません。これを教えてください」と声をかけました。すると，先輩は，手を休めることなく，「ちょっと，これを縫い終わるまで待って」と言って縫い続けました。この先輩は，仕事の重要性をしっかりと理解してい

るなと思いました。縫い終わるとすぐに糸通しを教えてあげました。高等部1年生の子どもは「ありがとうございました」とお礼を言って作業を始めました。このような子どもたち同士で解決していく活動が定着すれば，次第に自己評価ができるようになると確信しました。

　何でもできないときは教師に頼る授業が多いですが，教師よりも子どもたち同士の力で課題を解決していくほうが，自己評価の力を高め，働く意欲を高める上でも効果的なのです。

(8) 信頼関係を高める作業

　職場の人に，「この子どもたちは人との信頼関係がなかなかに築きにくい」と言われたことがあります。さらに「仕事は信頼関係で成り立っている。単に仕事ができるだけでは仕事にはならない」とも言われました。我々の仕事を考えてみても，その通りだと思います。我々は常に，人と人との関係性の中で生きています。仕事がうまくいくのも信頼関係があればこそです。人と人との関係性の質が高まることが，仕事の質を上げることにもなります。信頼関係を土台にした仕事であってこそ，働く意欲が向上するのです。信頼関係を土台にしない働く意欲は，それほど長続きするものではありません。この子どもたちが，就職しても最初のうちは意欲的に働いていたのに，次第に働く意欲をなくし，辞めていくことも少なくないですが，これも原因を調べてみると，職場で人との信頼関係が築けなかったことが関係していることがわかります。働くためには信頼関係の構築が欠かせないことを是非，知っておいてほしいと思います。

　ところで，我々は，子どもたちに対してどれだけ信頼関係を高める取り組みを行ってきたでしょうか。人と人との関係性よりも，仕事ができることに重点を置くことが多かったのではないでしょうか。これでは職業生活の質を高めることはできませんし，働くことに喜びややりがいを感じることもありません。これからの「作業学習」では，これを改善していく必要があります。

　では，信頼関係を高めるために，具体的にどういう「作業学習」を行えば

よいのでしょうか。今までの「作業学習」では、教師の指示で子どもたちは与えられた作業をするというのが、多かったのではないでしょうか。これでは、子どもたちも与えられた作業を遂行することに一生懸命になり、一緒に作業をしている仲間を意識したり、仲間との関係性を築いたりすることを考えません。もっと、周りの人を意識しながら作業をするようになってほしいのです。もっと周りの人と関係をもって仕事をしてほしいのです。具体的に言えば、次の工程の人（自分がした作業を引き継いでくれる人）のことを考えて仕事ができるようになってほしいのです。働くということは、人との信頼関係が重要であることを「作業学習」を通して学んでほしいのです。

例えば、先にも述べた愛媛大学教育学部附属特別支援学校の木工作業では、中学部の子どもが機械作業をし、それを高等部の先輩が磨いて仕上げるという、関係性を重視した作業課題を設定しています。中学部の子どもは、先輩から評価されようと真剣に作業をするようになった、という話を聞きました。ただ与えられた作業を消化するのではなく、人との関係性を維持しながら作業をする、これが職場に通用する働く意欲を育てるのです。

岡山県立誕生寺支援学校の高等部の「作業学習」では、先生がリーダーになるのではなく、子どもがリーダーとなって作業を進める学習を展開しています。導入から作業、反省まで作業学習すべてをリーダーになった人が中心に進めるのです。主役はリーダーで、先生は脇役です。これが集団としての質を高めているのです。子どもたちはみんな、何かあれば先生ではなく、リーダーに解決策を求めます。実際に、リサイクル作業と園芸作業を見せてもらいましたが、子どもたちの動きや仲間同士のかかわり方から、仲間意識や信頼関係が、他の学校で見る「作業学習」と比べてかなり高いと感じました。

リーダーになった人はリーダーとしての資質を確実に高めている、という話も聞きました。リーダーには自覚と責任感が求められますから、それが果たせるということは資質が高まるのは当然のことです。先生がリーダーを育てるために、さまざまな努力をしていることも注目すべきところです。

リーダーになる人は、リーダーとしての役割をしっかり果たし、周りの人

に認められ，信頼されなければなりません。先生は，そうなるよう事前にさまざまなことを個別学習させているのです。これが重要なところです。リーダーを単にしてみるのではなく，リーダーとしての役割を果たす体験をすることで，より質の高い働く意欲を高めようとしているのです。先生がリーダーになり「作業学習」を進めていたときは，みんな，チャイムが鳴ってからようやく集合するのが常だったそうですが，子どもがリーダーになると，リーダーになった人は，授業開始前に作業室へ行って作業の準備をし出したのです。まさに自覚と責任感の表れです。次第に他の子どたちも追随し，早めに集合して準備を手伝うようになったそうです。これは，子どもたち同士のかかわりの中で自然に生まれた主体性であり，プラスの意識です。これこそが，我々が求めなければならない働く意欲と言えるのではないでしょうか。

このように子どもを中心として「作業学習」を進めるようにすると，子どもたち同士で考え，工夫して，みんなが意欲的に働くことができるようになるのです。子ども同士の信頼関係を，子どもたち同士で築くことができたからこそ生まれた働く意欲だと思います。

これからの「作業学習」での教師の役割は，りっぱなリーダーを育て，子ども同士の信頼関係を築くことです。教師はリーダーを育てることに徹すればいいと思います。そうすれば信頼関係は育っていきます。教師も，リーダーに従って作業ができる関係性を確立できれば，なお一層，信頼関係の質は向上するはずです。

4 職業生活で人に適応する力を育てる

職場で働くためには，働く意欲が重要ですが，職場は働くだけのところではありません。信頼関係のところでも述べましたが，人との関係性を築くことができるかどうかも大変重要です。職場でいくら仕事ができたとしても人間関係がうまくいかなければ，働く活動にも影響を及ぼします。離職の原因の多くが人間関係にあることを考えればわかると思います。

今までの「作業学習」は，どちらかと言えば，仕事（作業）することばか

りに目が向いていましたが，これからは，それだけでなく，職場で一緒に働く仲間に適応できる対人的行動（ソーシャルスキル）を身につける学習を設定する必要があります。決して特別な学習が必要であると言っているのではありません。職業生活をする上で最低限必要な対人的行動を，当たり前に身につける学習を行わなければならない，ということです。

人が人として人らしく生きていくためには，基本行動が重要であることは第１章でも述べました。ここで言うソーシャルスキルは，職業生活での基本行動と考えればいいと思います。

家庭生活に適応するためには，家庭生活が楽しく，生き生きとしたものになるための基本行動が必要です。これが身についていなければ，家族の輪は保てませんし，豊かな，充実した家庭生活を送ることはできません。基本行動は人が人として認め合い，尊重し合い，ともに生活をしようとする意識を高める土台となるものです。基本行動が身についていると家族のきずなが深まり，家庭生活の質が向上していきます。すべての生活のベースとなるものであると言っても過言ではありません。

学校生活に適応するためには，学校生活を楽しく，充実したものにするための基本行動が必要です。これは，家庭生活での基本行動が身についていないと身につかないと考えなければなりません。家庭生活での基本行動との違いは，生活の幅と他人を中心とした集団の大きさです。こうした生活場面での人との関係性を保ちながらの基本行動になります。

同じように，地域生活に適応するためには地域生活を送るための基本行動が必要です。今度は，学校生活と違って，限定されない集団になることと不特定多数を相手にした関係の中での基本行動になります。

以上に挙げた，３つの生活で必要な基本行動が身についていれば，職業生活での基本行動はほぼ身についていると考えられます。「作業学習」では，３つの生活で身につけた基本行動を職業生活で通用するようにすることがねらいになります。

では，具体的に「作業学習」で，職業生活に必要なソーシャルスキルを身

につけるためにはどうすればよいのでしょうか。述べてみたいと思います。

(1) 職業生活に必要なソーシャルスキル

まず最初に，ソーシャルスキルは，職業生活で対人的行動をスムーズに行うために欠かせないものであることを理解しておいてほしいと思います。

では，職業生活に必要なソーシャルスキルとは，具体的にどういうスキルを言うのでしょうか。以下の4つのスキルが，重要だと言われています。

①基本的生活に必要なスキル
②基本的相互交渉のスキル
③職業・地域生活でのスキル
④認知的・対人行動のスキル

この4つを作業学習の中で指導していくことが必要です。この4つは同時並行的に指導すればよいかというと，そうではありません。①→②→③→④と段階的に指導することで効果が出てきます。図式化すると，以下のようになります。ピラミッド型になっているのは，底辺の基本的生活に必要なソーシャルスキルが身につかなければ，基本的相互交渉のスキルは身につかないし，基本的相互交渉のスキルが身につかなければ職業・地域生活でのスキル

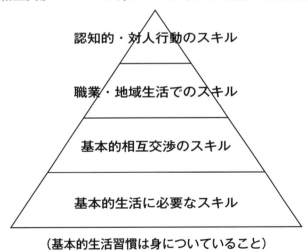

は身につかないし，職業・地域生活でのスキルが身につかなければ認知的・対人的行動は身につかないことを示しています。土台からしっかりと積み上げていかないと職業生活に通用するソーシャルスキルを身につけることは難しい，と言えます。なお，基本的生活に必要なスキルを指導するには，基本的生活習慣が身についていることが前提となっています。

次に，それぞれのスキルの内容について説明をします。いずれのスキルも，「作業学習」で取り上げて定着を図ることを基本とします。

① **基本的生活に必要なスキル**

これは，職場で周りの人に不快な思いをさせないための，最低限身につけておかなけれなければならない基本的スキルです。これが身についていないと，対人関係に大きく影響します。具体的には，下記に示す内容になります。

- 髪をきちんととかし，清潔にする
- 歯をいつも磨いて清潔にする
- 剃刀や電気剃刀を使って髭がきちんとそれる
- 足に合った靴を履くことができる
- ファスナーをしめることができる
- ズボンの中にシャツをきれいに入れることができる
- 仕事に合った服装をすることができる
- 洋服にアイロンをかけることができる
- 手の汚れをきれいに洗い流すことができる
- 自分のハンカチが必要なときに使える
- 清潔なハンカチをいつも持っている
- 化粧品を使うことができる
- 生理の処理，後始末ができる
- 口を閉じて食べる
- こぼさない
- 口へいっぱい入れたまましゃべらない

- ●正しい食器の扱いができる

　大きく分けると，3つのことが重要となります。
　1つ目は清潔心です。周りの人に受け入れられないことで最も多いのが，これです。集団に適応するために欠かすことのできない基本的スキルと考えていいと思います。手洗いがきちんとできないとか，ハンカチが汚い，服が汚れているなどにより，周りから敬遠され，集団に入れなくなって離職した例も少なくありません。
　2つ目は身だしなみです。一般人としての最低限必要な身だしなみは身につけておく必要があります。場に応じた服装でない，いつもよれよれの服を着ているなどでは，周りに受け入れられません。成人になると，化粧品を使っての身だしなみも身につけておく必要があります。
　3つ目はマナーです。特に食事のマナーは大変重要です。職場でも多くの人と一緒に食事をする機会が多いだけに，どうしても身につけておかなければなりません。周りの人が一緒に食事をするのを嫌がるようでは，職業生活は長続きしません。
　では，これらの内容はどこで指導すればよいのでしょうか。家庭や学校での「日常生活の指導」はもちろんですが，職業生活に必要なスキルは，「作業学習」の場で身につけるのが基本です。働くことと関連させながら，職場で通用するスキルを身につけます。いくら家庭生活や学校生活でできていても，職場となるとできない子どもはたくさんいます。これが，この子どもたちの特性だと理解しておかなければなりません。「作業学習」の場でいつも子どもたちに，こうした内容を意識して行動させるようにしていると自ら気をつけるようになるものです。これが「作業学習」で取り入れるねらいです。
　ある学校では，「作業学習」のある日は「作業学習」グループごとで食事をし，マナーの指導をしていました。子どもたちにマナーを意識させる上では，大変効果的な指導だと思います。就職すると食事会や忘年会などの宴会に参加することもたくさんあります。そういうことも想定した食事マナーの

指導もしておく必要があります。

② **基本的相互交渉のスキル**

　これは，職場で周りの人とコミュニケーションをとるために最低限必要なスキルです。人間関係を築く上で，大変重要です。内容は以下に示す通りです。

- まっすぐ立ち，頭を下げて歩くことができる（よい姿勢ができる）
- 紹介されたときには「よろしくお願いします」と言って，頭を下げることができる
- 「おはよう」「こんにちは」「さようなら」「こんばんは」などのあいさつが時と場に応じてできる
- 具合が悪いときは，同僚や上司に伝えることができる
- 話をするときは，口の中でぼそぼそ言わない
- 大声で話したりしない
- 相手の目を見て，はっきりと話すことができる
- 上司に対して正しいことば遣いができる
「はい」「いいえ」「ごめんなさい」「ありがとう」「お疲れさま」「お先に」「お世話になりました」「ごちそうさま」「失礼します」等
- 言われた通り行動できる

　不用意な言動や態度により，周りの人が不快な思いをすることのないようにこうしたスキルを身につけておくことがポイントです。これは，すべて「作業学習」の中で指導できる内容だと思います。もちろん，日常生活の中でも指導は必要です。特別な指導をしなくても，教師や先輩たちがモデルを示していたら自然に身につきます。特別な指導をするよりも，モデルを通して見て学び身につけるほうが職場では通用することがわかっています。

　秋田県立栗田養護学校では「作業学習」が終わって，教室に帰るときなど，廊下ですれ違うと，校長先生をはじめすべての先生，生徒が大きい声で「お

疲れさまです」と声をかけ合います。それがごく自然に出ています。参観していてとても気持ちのいい学校でした。校長先生の話では，「職場でも大きい声であいさつをするため，現場実習でも，その態度は高く評価された。職場からは，従業員も見習うようになった，と言われた」そうです。こうしたいい雰囲気，いい環境の中で身につけた力こそが生きる力となるのです。

③ 職業・地域生活でのスキル

　これは職業生活を送る上で，最低限身につけておかなければならないスキルです。これが身についていなければ，職業生活を送るのは難しいと言えます。他人に迷惑をかけず，自分のことは自分でできるようにしなければなりません。中でも，電話の使用は大変重要だと言われています。内容は，以下に示す通りです。

- 病気で仕事に行けないとき，会社に連絡できる
- 仕事を離れているとき，何かあったら，助けを求めるための連絡をすることができる
- バス，電車に1人で乗ることができる
- 勤務時間がわかる
- 出勤日と休日がわかる
- お金を数えることができる
- お金を両替することができる（自動販売機）
- 銀行に給料を預金することができる
- どんな自動販売機でも利用できる
- 商品の名前がわかり，読んだり書いたりすることができる
- 簡単な計算ができる

　内容を見てもわかるように，職場で働くとは，職業生活だけのことを考えればよいのではありません。職場は地域にあり，地域の中で重要な位置づけにあるわけですから，地域生活に適応できなければ，職業生活に適応するの

は難しいと考えていいと思います。決して多くのことを要求しているのではありません。地域の中での職業生活を考えたとき，これだけは必要であるという内容を示しています。何かあったとき，会社に連絡できるのは当たり前のことですし，通勤が1人で問題なくできることも当たり前です。お金の計算や扱いについても，「作業学習」で得た収益金などを有効に活用し，指導をしておく必要があります。

④ 認知的・対人行動のスキル

　これは職業人として職場で貢献し，適応の質を上げていくために最低限身につけておかなければならないスキルです。よりよい職業生活を創造し，豊かにしていくためのスキルです。この子どもたちにとってはなかなかに難しいことですが，職業人として人並みの生活を送るためには欠かせないものです。内容は，以下の通りです。
- 新しい仕事に直面してもこなすことができる
- 応答を求められたら答えることができる
- 自分なりに工夫し，仕事の能率を上げることができる
- 大勢の中で仕事をするときでも，積極的に協力できる
- 信頼できる人，できない人の判断ができる
- ユーモア感覚が場に応じて出せる（手当たり次第に笑うのではなく，いつ笑い，何がおもしろいか，何がおもしろくないかがわかる）

　人として，職場で働く以上はどうしても身につけておきたい内容です。「作業学習」をするときは，いつも同じ仕事をさせるのではなく，新しい仕事に直面してもできるような力を身につけたり，自ら工夫して仕事の能率を上げたりできる人になってほしいと思います。自分の仕事にだけ熱心で，他の人の仕事に協力できないのでは困ります。これからは，こうした内容をしっかり取り入れた「作業学習」を展開すべきです。信頼できる関係やユーモア感覚についても職業人として生きていく上で，どうしても身につけておか

なければならない重要な能力です。

5 「作業学習」とキャリア教育

　キャリア教育を取り入れると「作業学習」は，何を，どのように変えていかなければならないのでしょうか。下図によりまとめてみます。

　これからの「作業学習」で求めなければならない目標は，働く力の向上です。人生において，働くことは欠かせません。我々の人生は，働くことを中心にして成り立っています。働く力が向上し，働く生活がどれだけ充実できるかで，人生の質も変わってきます。

　では，働く力を向上させるためにはどういう学習が必要なのでしょうか。まずは，職業生活の質を向上させることを考えなければなりません。職業生活の質を向上させるためには，職業生活に適応できなければなりません。職業生活に適応するためには，職業人としての仕事への適応と職場で一緒に働く仲間への適応が重要になります。仕事への適応は，仕事面で貢献ができる（働く意欲がある）かどうかで決まります。働く仲間への適応は，職業生活

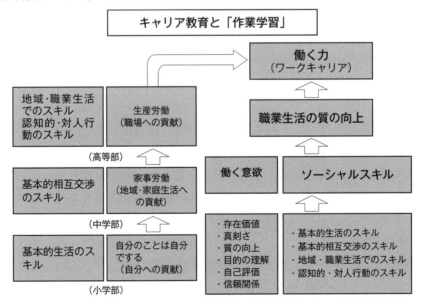

第4章　キャリア教育の視点を取り入れると「作業学習」はどう変わるべきか

を送るために必要なソーシャルスキルを身につけているかどうかによります。この2つのどちらを欠いても、職業生活に適応することは難しいと考えてもいいと思います。

働く意欲を高めるためには、先にも詳しく述べたように、①存在価値を高める、②真剣さを重視する、③量よりも質を重視する、④就職したいという意欲が重要である、⑤自己評価を取り入れる、⑥信頼関係を高める、の6つの指導が必要になります。

一方、職業生活に必要なソーシャルスキルは、①基本的生活に必要なスキル、②基本的相互交渉のスキル、③職業・地域生活でのスキル、④認知的・対人行動のスキルの4つの段階的な指導が必要になります。

働く意欲を高める6つの指導と、4つのソーシャルスキルを身につける指導をこれからの「作業学習」で重視しなければならないのです。

小学部から高等部までの12年間の「作業学習」をどう考えればよいかについては、先の図の左側に示す通りです。

小学部では、働く意欲面については、自分のことは自分ですることに重点を置き、自分のことは自分でするのは当たり前だという意識を育てます。小学部の子どもにとっては、自分のことは自分ですることが貢献を実感する土台を作るのです。ソーシャルスキル面については、基本的生活のスキルを中心に指導をします。中学部では、働く意欲面については、家事労働や地域ボランティアなどに重点を置き、家庭生活や地域生活での貢献を実感できるようにします。ソーシャルスキル面については、基本的相互交渉のスキルを中心に指導をします。高等部では、働く意欲面については、生産労働に重点を置き、職場での貢献を実感できるようにします。ソーシャルスキル面については、地域・職業生活でのスキルと認知的・対人行動のスキルを中心に指導をします。

学校教育12年間を通して、1年1年を大切に、今まで述べてきたような段階的で、積み上げていく教育が確実に行われたならば、子どもたちの人生の質は間違いなく向上する、と断言できます。

【著者紹介】
上岡　一世（うえおか　かずとし）
元愛媛大学教授。
1946年高知県生まれ。高知大学教育学部卒。鳴門教育大学大学院修了。
高知大学教育学部附属中学校教諭（特殊学級）、愛媛大学教育学部附属養護学校教諭、愛媛大学教育学部助教授、愛媛大学教育学部教授、愛媛大学教育学部附属特別支援学校校長を歴任。
専門は特別支援教育。

生活の質・人生の質がアップする！
キャリア教育を取り入れた特別支援教育の授業づくり実践編

2015年8月初版第1刷刊	©著　者	上　岡　一　世
2017年6月初版第3刷刊	発行者	藤　原　久　雄
	発行所	明治図書出版株式会社

http://www.meijitosho.co.jp
（企画）佐藤智恵（校正）㈱友人社
〒114-0023　東京都北区滝野川7-46-1
振替00160-5-151318　電話03(5907)6703
ご注文窓口　電話03(5907)6668

＊検印省略　　組版所　中　央　美　版

本書の無断コピーは、著作権・出版権にふれます。ご注意ください。

Printed in Japan　　ISBN978-4-18-193815-4
もれなくクーポンがもらえる！読者アンケートはこちらから　→

つまずきチェックで楽しく身につく学び支援ワーク！

✓つまずきミニチェックで始める学び支援
さくらんぼワーク はじめての計算・文章題 【0980】

障害をもつ子のための学習塾「さくらんぼ教室」代表
伊庭 葉子 著

★支援が必要な子どもたちの学びを「できた！」「わかった！」に変えるには、教師が個々のつまずき（何ができて何ができないのか／何がわかって何がわからないのか）を押さえる必要があります。本書で低学年算数学習の手立てを見つけてください。

ワーク例：「いくつかな？」～10までのすうじとかず～／「いくつといくつ」～10までの数の分解～／「あわせていくつ？」～たし算～／「のこりはいくつ？」～ひき算～／「ぶんしょうもんだい」／「生活の中の算数」～カレンダーと時こく～／ほか全80ワーク【解説・解答付き】

【A5ヨコ判・2200円+税】　イラストいっぱいの楽しいワーク！▶

✓つまずきミニチェックで始める学び支援
さくらんぼワーク はじめての読解・作文 【0979】

障害をもつ子のための学習塾「さくらんぼ教室」代表
伊庭 葉子 著

★学ぶことが苦手な子どもの言語世界を豊かにし、「読む」「書く」スキルを高めるワーク集。生活に身近な内容を選び、文字の読み書き～小学校低学年相当の国語の基礎を、つまずきがちな4つのステップと対応するワークで紹介。

ワーク例：ひらがなを読もう／短い文を読もう／「学校の中の文章」を読もう／「友だちが書いた文章」を読もう／「生活の中の漢字」を読もう／ひらがなを書こう／短い文を書こう／自分の言葉で書こう／ほか全80ワーク【解説・解答付き】

【A5ヨコ判・2200円+税】　身近で親しみやすい内容です！▶

明治図書　携帯からは**明治図書MOBILE**へ　書籍の検索、注文ができます。▶▶▶
http://www.meijitosho.co.jp　＊併記4桁の図書番号（英数字）でHP、携帯での検索・注文が簡単に行えます。
〒114-0023　東京都北区滝野川7-46-1　ご注文窓口　TEL 03-5907-6668　FAX 050-3156-2790

＊価格はすべて本体価格表示です。

知的障害のある子への 文字・数 前の指導と教材

楽しく学べるシール貼りワーク＆学習段階アセスメント表付き

0632

B5判・128頁・2200円+税

大高正樹 著

重度知的障害のある子へのアセスメント＆指導・教材

重度知的障害のある子どもの実態をいかにとらえて（アセスメント）指導に生かすとよいか，教材をキーにまとめた。事例は教育課程上，知的障害特別支援学校の「国語・算数」あるいは「自立活動」に相当する内容で子どもが自ら伸びていく手助けを教師が行うことを目指す。

リサイクル素材で作る教材

文字作りシール貼りワーク

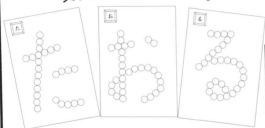

書き順通りにシールを貼っていく学習ワーク

ガチャガチャのカプセルを使った筒入れ教材 →

←割り箸を使った棒さし教材

アイスカップと1ロゼリーを使った大きさの弁別教材 →

知的障害のある子への 日常生活 の指導と教材

0639

楽しく学べる絵カード全データ＆学習段階アセスメント表付き

姉妹版

CD-ROM付き

CD-ROM付き・B5判・120頁・2560円+税

大高正樹 著

荷物整理，衣服や靴の着脱，給食準備，朝の会，掃除など知的障害のある子どもへの日常生活の指導を絵カードや文字カードを使って楽しく，その子にあわせて行うアイデアをまとめました。アセスメントシート付き。絵カード等データはCDに全収録，カラー版もあります。

明治図書　携帯・スマートフォンからは **明治図書ONLINE** へ　書籍の検索，注文ができます。▶▶▶

http://www.meijitosho.co.jp　*併記4桁の図書番号（英数字）でHP，携帯での検索・注文が簡単に行えます。

〒114-0023　東京都北区滝野川7-46-1　ご注文窓口　TEL 03-5907-6668　FAX 050-3156-2790

＊価格は全て本体価格表示です。

【改訂版】特別支援教育基本用語100

解説とここが知りたい・聞きたいQ&A

1085・A5判・2100円+税

上野一彦・緒方明子・柘植雅義・松村茂治・小林　玄　編

特別支援教育からインクルーシブ教育の時代へ！

すべての教師が，広く深く理解するために，基本用語を教育だけでなく心理学，医学，福祉の関連領域まで広げ，用語を厳選するとともに，教師が日常的に接することの多い大切な質問を選びやさしく解説した。

そこが知りたい！大解説 インクルーシブ教育って？

合理的配慮って？共生社会って？Q&Aで早わかり

1267・A5判・2000円+税

木舩　憲幸　著

合理的配慮って？共生社会って？Q&Aで早わかり！

「合理的配慮をしなくちゃいけないというけれど，今までの支援とどう違うの？」「特別支援教育はこれからインクルーシブ教育というものになるの？」－近年の動向を整備された法令関係とあわせて，今教室で求められている支援について解説。先生の疑問に答える1冊です。

明治図書　携帯・スマートフォンからは　**明治図書ONLINE**へ　書籍の検索，注文ができます。▶▶▶

http://www.meijitosho.co.jp　＊併記4桁の図書番号（英数字）でHP，携帯での検索・注文が簡単に行えます。

〒114-0023　東京都北区滝野川7-46-1　ご注文窓口　TEL 03-5907-6668　FAX 050-3156-2790

＊価格は全て本体価格表示です。